文学常青藤丛书

吴欣歆
郝建国 主编

# 触摸灵感的脉搏

本册主编　韩　露　张蓉芳

副主编　王楚达　李　珊　王　杨　杜思聪　陈　星

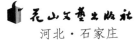
花山文艺出版社

河北·石家庄

**图书在版编目（CIP）数据**

触摸灵感的脉搏 / 韩露，张蓉芳主编. -- 石家庄 ：
花山文艺出版社，2025. 1. --（文学常青藤 / 吴欣歆，
郝建国主编）. -- ISBN 978-7-5511-7409-1

Ⅰ. Ⅰ217.2

中国国家版本馆CIP数据核字第2024HM9354号

丛 书 名：文学常青藤
主　　编：吴欣歆　郝建国
书　　名：**触摸灵感的脉搏**
　　　　　CHUMO LINGGAN DE MAIBO
本册主编：韩　露　张蓉芳

统　　筹：闫韶瑜
责任编辑：董　舸
责任校对：郝少波
美术编辑：陈　淼
出版发行：花山文艺出版社（邮政编码：050061）
　　　　　（河北省石家庄市友谊北大街330号）

销售热线：0311-88643299/96/17
印　　刷：石家庄名伦印刷有限公司
经　　销：新华书店
开　　本：880 毫米×1230 毫米 1/32
印　　张：9.25
字　　数：180千字
版　　次：2025年1月第1版
　　　　　2025年1月第1次印刷
书　　号：ISBN 978-7-5511-7409-1
定　　价：36.00元

# 总　　序

　　2022 年春节，花山文艺出版社社长、总编辑郝建国打来电话，商量共同策划一套中学生"创意写作"丛书。 当时，我正在反思应试作文的正面作用和负面影响，确定了样本校，想做一点儿"破局"的教学实践，目标是使学生在学会写作的一般规则的同时又能够自由表达。 恰逢其时、恰逢其人、恰逢其事，一次通话就确定了合作意向、基本方向、大致的工作进程，很是痛快。

　　但我不想用"创意写作"的概念，因为创意写作是一个成熟的学科，有专门化的人才培养方案，而中学课程方案中没有设置这一学科。 早在 1936 年，美国艾奥瓦大学就已经有了创意写作艺术硕士（MFA），此后，艾奥瓦作家工作坊在英语国家广泛推广，继而在全球范围内产生了深远的影响。 在我国，2007 年，复旦大学开始招收文学写作专业的硕士研究生，2009 年正式设立了创意写作专业硕士学位点；2011 年，上海大学成立了创意写作创新学科组；2014 年，北京大学中文系成立了创意写作教学团队……据我了解，目前全国有二十所左右的高校招收创意写作专业硕士，课程内容涵盖小说写作、诗歌写作、媒体写作、传记写作等多种文体类型，有明确的培养目标和教学方法。 虽然有些中学开设了创意写作的校本课程，但我的目的不在于推广这门课程。 我主张用创意写作的学科知识指导中学写作教学的变革，在概念上使用课程文件用语——创意表达。 这一想法得到了出版社的支持。

在我看来，所有的写作对学生而言都是创意表达，都需要借助生活经历、语言经验、知识积累、思维能力，把想法变成实际存在的文字，即便是严苛的学术写作，也能够体现出学生的个性特点。 对于成长中的学生来说，写作除了具有学习功能、交际功能、研究功能，还有重要的心理建设功能。 写作的内核是面对真实的自己，面对真实的情感体验，用文字表达的时间是学生认真面对自己的时间，如果能够自由地表达出自己的想法，就能够很大程度上实现心理重建。

娜妲莉·高柏在《心灵写作》中把写作称作"纸上瑜伽"，她倡导学生每天自由自在地写十五分钟，直接记录脑子里随机出现的词语和句子，记录眼前的事物，记录此时此刻的体验和感受，不管语句是否通顺，内容是否符合逻辑，不管要表达什么主题，就一直写一直写。 这样的写作，显然有助于克服书面表达的恐惧与焦虑，有助于克服因为期待完美而导致的写作拖延。 学生奋笔疾书之后会有一种释放感，一种绷紧之后的放松感，书写的畅快足以改变不良的心理状态。

写作工坊比较常用的练习方法大多能够引导学生的思维自由延展，比如曼陀罗思维法，又被称为九宫格法，就是将自己的某个观点写在中央的格子里，围绕这个观点进行头脑风暴，将其余八个格子填满，继而再辐射出八个格子，两个轮次的头脑风暴，核心观念迅速衍生出六十四个子观念。 再如第二人称讲述，用"你"开头，写下你看到的、听到的、嗅到的、触摸到的、反映出的、联想到的各种信息，连贯地用文字表达自己真实的见闻与感受。 又如庄慧秋的《写出你的内心戏：60个有趣的心灵写作练习》，提供了六十种开头提示语，其中包括"我喜欢""我讨厌""我热爱""我痛恨"等自我情绪表达的提示语，以及自我形象变形的提示语："如果我是一棵植物，那我就是……""如果我是童话故事中的角色，那我就是……""如果用一幅画来象征我自己，那我就是……"

这些方法都可以在写作教学中运用，帮助学生感受到自由思考的快乐，在相互启发中打开书面表达的广阔世界，帮助他们实现创意表达。

对于中学生的创意表达，我有三点想法。

第一，放松写作体裁限制，用自己的方式记录看到的社会生活，表达真实的情感体验。 中学写作教学存在为体裁找内容的现实问题，学生非常熟悉记叙文、议论文的套路，习惯按照既定体裁框架填充写作内容，这是违反创作规律的。 合理的状态是，学生有见识、有感悟，有表达的目的和对象，为了实现目的寻找合适的表达方式。 体裁可以自由选择，甚至可以自由创造，我们要鼓励学生为自己的内容找到合适的形式。

第二，拓展写作内容边界，在广阔的社会生活中发现写作的内容，探索写作的价值。 美国非虚构作家盖伊·特立斯的作品集《被仰望与被遗忘的》，从微观层面记录了纽约的城市风貌，关注各种人和他们背后的故事：俱乐部门口的擦鞋匠、高级公寓的门卫、公交车司机、大厦清洁工、建筑工人等。

我们要鼓励学生写他们熟悉的、他们经历的、他们知道的，鼓励他们写出自己眼中的世界图景。

第三，重构写作指导模式，建立师生协作的创作团队，形成完善的创作流程。中学写作教学习惯"写前指导"和"写后指导"，写作过程中的指导尚未受到充分关注。Perry-Smith 和 Mannucci 在前人研究的基础上，根据创意过程中不同阶段的需求将创意过程划分为创意产生、创意细化、创意倡导、创意实践四个阶段。学生的初步想法，很多时候是"灵光乍现"，教师要有一套办法组织学生分析原始创意，征集延伸性的内容与想法，整合收集到的信息，帮助学生完成创意的修改、发展，有序完成从创意到作品的实践过程。

《义务教育语文课程标准(2022 年版)》设置了"文学阅读与创意表达"任务群，《普通高中语文课程标准(2017 年版2020 年修订)》设置了"文学阅读与写作"任务群，对学生使用书面语、发展创造力提出了明确的要求。本套书选择的学校大多为区域名校，学生的创作和教师的指导体现出落实课程文件要求的原则与策略，期待能够引领更多学校、更多师生的创意表达。需要说明的是，这些学校的师生不仅重视创意表达，而且极为重视语言运用的规范，他们热爱国家通用语言文字，热爱中华文化，对中华文化的生命力有坚定的信心，他们的创作在弘扬中华优秀传统文化方面，也做出了良好的示范。

**2023 年元旦于北京　吴欣歆**

# 序

韩 露

写作本来应该是一件快乐的事情，至少不应该是一件催生痛苦、消退快感的事情。不管是从语文老师的"私心"出发，还是从"文从心出"的古训来看，我们总是有点儿"奢望"：孩子们不要只从分数高低来判断写作的价值。

我还记得大一在辅仁大学旧址读书的日子。写作课的老师在教室后墙的黑板上挂了很多小布袋，当作一个自由交流区。谁有了作品，就往里面一扔，任由同学和老师取阅。现在想来，老师不过是"利用"了年轻人的"野心"，尤其是像我这样虚荣心比较强的人。有趣的是，老师不给任何限制，但我们自己却会给自己诸多要求，而且会不断地提醒自己：你写的东西，别人要爱看啊！你是在创作啊！

是啊，你是在创作啊！语文课当然不是专属于文学的，但语文课，尤其是写作，如果缺少对文学的敬重，是不是也违背了语文课天然的特性呢？我常常想，如果在孩子们刚刚开始建立人生观和价值观的时候，我们却自觉自愿地把最关乎心灵的部分禁锢在功利的牢笼里，那么我们怎么可能祈望这些心灵绽放光彩呢？

李珊老师在《从阅读到想象》的序言中写道："喜欢就不觉得苦，自由想象的快乐抵消了写作的不易，当学生有了一个构筑世界的机会，文字中的滞涩忽然就消失了，手中的笔随意一挥，便光彩夺目。"

她的欣喜发自内心，溢于言表。你看下面这段学生的后记，谁读了不觉得开心呢：

> 这篇文章字数近一万五，前后连查资料带写作怎么也有十六个小时。毫不夸张地说，这是我高一开学以来最用心在做的一件事情。
>
> 昨天刚刚把它打出来，还是挺厚的一摞，心中挺有成就感的：这是我第一篇小说啊！
>
> ……读的时候可能不会注意，但在很多细节处我都费了不少心。总是在想这件事怎么通过上下文来让读者看明白，是叙述好点儿呢？还是让人物说出来或想出来好点儿呢？在写一些感情时，为了让它自然点儿，总是要在前文加点儿东西、后文加点儿东西。情节很多，就不用再说了，都是我想了很久的。还有一些，很可惜，因为时间关系没能写进去。
>
> 周三、周四、周五晚上，我都写了点儿。周六，整整在电脑前坐了10个小时（从下午2点到晚上12点），中间午饭晚饭都没怎么吃，妈妈说我找到了作家那种废寝忘食的感觉。还记得刚写完把头移开到电

脑屏幕外的时候，真的是一阵眩晕袭来。妈妈递来一小碗排骨给我吃，我的手握筷子都有点儿抖。屁股真是疼得厉害——那天晚上我是趴着入睡的。

所以虽然文笔低级、情节恶俗、思想"小白"，但真的很努力地在写。

所以现在每次看到完成的文章都会笑。

不无遗憾，但很开心。

这位同学这么"痛心疾首"努力奋斗，是源于一次语文读写活动，题目叫《我和某人的一次偶遇》：

在历史或现实世界中，有这么一些人，他们的思想、精神或者人格给你留下了深刻的印象。你对他们或崇拜，或蔑视，或敬佩，或憎恶……请你设计一次与他（她）的偶然相遇，展现他（她）的精神与人格。不少于1500字。

这是一个自由、浪漫的创作活动。设计之初，我们就一直在思考：怎么才能少一点儿限制？怎么才能让学生"蠢蠢欲动"？怎么才能让学生真正感到书写的快乐？

所谓"自由"，是个相对的概念。选择的自由度给予学生宽广的创作空间，但更重要的，还在于激发学生的创作冲动——谁不愿意和自己最心仪的人相遇、相知，甚至相恋呢？

虽然我们没有提什么更多的要求，可实际上一旦写起来，就会发现那些原本从来都很虚幻的写作概念纷至沓来——人物设计、故事结构、情节铺垫、详略安排……于是这场写作还得从大量的阅读开始——看关于他（她）的书，看他（她）的作品。读和写就这么一板一眼地开始了，顺理成章。

你非要领着孩子们走一条路，似乎还是一条平坦的大路，可是孩子们只感到痛苦；一条山间小路，看上去崎岖无比，曲曲折折，但孩子们走得高兴——那么要选择一条什么样的路让学生去行走呢？

我想那就给他们探寻的快乐吧。任何一次书写，都不可能毕其功于一役。这样的写作，既不可能改变高考作文的要求，也不可能一劳永逸地解决学生写作中的问题，但只要能够让学生实实在在地体味成就和快乐，我以为，善莫大焉！

是的。快乐，或者说兴趣，对于学生来讲是多么重要！无趣的东西怎么可能激发创作的灵感，激发为实现灵感而付出辛勤努力的动力呢？

在《从好奇走向探索》的序言中，老师们不禁感慨：“好奇，可谓人之天性。浩瀚的宇宙星空，常让我们心驰神往；神秘的未知世界，总让我们浮想联翩。自孩童起，我们就习惯于发问，热衷于遐想。渐渐长大后，这种好奇却开始有了蒙蔽和钝化的迹象。我们当然需要警惕，需要竭力地呵护，需要唤醒。而文学，恰恰给了我们机会。……从好奇到探索，是一种出发；从丰盈的想象到冷峻的科学现实，是一种回归。不断地出发，不断地回归，才造就了文学的路。也唯有如此，天性不泯，好奇与探索的文心才源源不断，生生不息。"

　　初中学生的文字是稚嫩的，不过，换个角度来看，如果他们的文字太过于成熟，会不会更让人担心？ 中国文化对于"少年老成"多有推崇。 能够早一点儿洞悉世道人心，人生之路也许会走得更安稳一些。 但一个少年过于早熟，是不是也会有可能导致好奇心和探索欲的过早丧失？ 要知道，好奇心和探索欲可是人类文明不断向上向前发展的原动力中最重要的一部分啊。

　　小朋友的笔触总是很有趣，也值得细细琢磨：

　　　　当我再睁开眼的时候，只见一大片中间凹陷的红色圆饼漂浮在窗外。"快看，前面堵车了!"机长大声喊道。我连忙扭头向前望去：一大串红色圆饼在飞碟前方汇集，整齐地排成一列长龙，其中夹杂着很多浅色球形的碎片。"前方的路口要单行通过，而我们的飞碟被红色圆饼前后夹击了!"机长补充道。

　　　　"大家猜，我们现在在哪儿?"机长的语气变得兴奋起来，嘴角微微上翘。"我们已经飞出银河系了吗?"一位同伴满脸惊诧地问道。 "我是在梦中吗? 我刚才好像晕过去了，机长!"我下意识地狠狠掐了一下自己的大腿。"哈哈哈! 安静，安静! 你们说得都不对! 我们现在在毛——细——血——管——中!"机长拉长了声音宣布道。"啊?"大家都快惊掉了下巴。

以人体内部航行作为题材的科幻作品，不管是书籍还是影视，并不罕见。要从独创性来讲，这样的作品大概也算不得非常厉害。但是小作者写得兴致盎然。你看他对人物的描画，是不是充满了惊异感？小作者深为人体内部的奥秘所震撼。这种震撼完全可以生发出更为深刻的思考：我们总是习惯于向外拓展，各种航天器，各类望远镜，恨不能看穿宇宙的尽头，其实我们向内看，向我们自己的生命内部看，就会知道，我们对自己生命本体的研究和理解，还粗浅得很啊！这种更深层的道理未必会清晰地呈现在小作者的创作过程中，但这种深层的思考一定会长久地留存，未来的某一天便会发出朝气蓬勃的新芽！这便是我们努力为孩子们构建文学世界的初衷。

有趣不仅仅存在于无边无际的、超越现实的幻想之上，也存在于广阔无边、深邃博大的现实之中。鲁迅说："无穷的远方，无数的人们，都与我有关。"时下学生群体的生活狭窄，已经是人所共知的问题了。内卷的推波助澜，使得这种狭窄变得更加令人难以忍受。当孩子们与那些"有关"的人们和远方越来越疏离、越来越陌生的时候，我们怎么可能希望有力量有情怀的思想从他们的文字中生长出来呢？深刻的写作，是绝对不可能从贫瘠的、缺乏生活的土壤中酝酿出的。现实就是这么窘迫，但是，我们不可以束手无策。

程鸿波同学在他的后记中写道：

大家听这篇数九歌的音频版想必也觉得很好笑吧，毕竟用普通话的发音去模仿方言总是蹩脚的，但这也很直接说明了一个问题：文化绝非仅凭冰冷的文字就能承载下来的，它最主要、也是最重要的载体，永远是人。

我们常常提文化自信，常常强调文化传承。那么文化自信和传承从哪里来？最重要的来源，恐怕还是广阔而深沉的社会现实。程同学对于这一点的认识，朴素而深刻。相同的感触，我们也可以从下面的文字中读得到：

这一些看起来不那么有用、但只有写了的人才知道其价值和意义的文字，让我们付出了大量的时间和精力，但也让我们真正走近了一个人，走进了一个人。每一个人都值得所有人站起来为其鼓掌，而我们所做的，不过是看见了那个个体极小的一部分。他经历的痛苦和快乐，远远不能以我们所写的几千字来涵括；若能从中瞥见那么一点点光亮，引起我们对生命的一点点的反思，便是好的。为此，我们对任何一个生命的判断，都不能简简单单地下结论。"小知不及大知，小年不及大年。奚以知其然也？"无论是熟悉的人，还是身边的陌生人，还是远方的陌生人，都应该致以敬意。

"身边的陌生人"，是一个一点儿也不复杂的活动：学生结组，确定一个认识却不深知的人作为采访对象，并根据采访记录完成一篇纪实文学的写作。部编版教材刊行之后，我们立足于《乡土中国》，又设计了一个"乡土调查"活动。两个活动内在是完全相通的。那就是我们要尽力推动学生走出去，去看，去触摸，去自然而然地发生启悟和思考。生活才是写作灵感最直接的来源，写作是脱离不了生活的。生活能够在笔下真实呈现，文章就有了一种味道，值得让人细嚼慢咽，甚至令人辗转难眠。借用杜思聪老师的话来说：

　　　　当作者走近那些人与物，与无穷的远方和悠长的历史建立起联系后，他们带着沉甸甸的探索成果再次走回自己的生活，以之滋养、丰盈个体的心灵。他们或是凝结出关于本次写作活动的反思，或是从人物自信乐观、从容优雅的生活态度中汲取力量，或是在中外文化交流、城乡文明碰撞中更深入且立体地认识我们自己的文化。

　　没有一种动人的文学，只靠文字的雕琢和章法的规则就能够形成的。缺乏生活的本质是缺乏对文学的敬畏之心。李芳瑜同学一语中的：

　　　　十三四岁时我很喜欢搜肠刮肚地用华丽的辞藻写作。对着一片偶然飘落的叶子，即使当时毫无所感，也乐意用绮丽冗长的文字和百转千回的情绪塞满一千多字的作文稿纸。看似丰沛的情感背后其实没有多少真实体验作支撑，与其说是在写作，不如说是在进行一种具有模仿性质的文字游戏。

什么样的写作是有效的？所谓的有效，不仅仅要教会学生表达的方法，更要使他们的心灵丰盈地成长。这种追求充满着理想主义情怀，是我们最引以为豪的部分。我常常想，在这个时代，我们有责任让这种稀缺的情怀不被慢慢地消磨、变质。总有一些人，需要做守护者，如同鲍鹏山所言的那棵守护月亮的树。

北京四中流石文学社发刊词中的一段文字，十几年后读来，依然铿锵有力，震动我心：

> 智者枕流，枕流为洗耳，洗耳为善闻；仁者漱石，漱石为砺齿，砺齿以敏言。听甚言何？则自当迥异。枕流者可以听见落花之有意流水之无情，枕流者也可以听见蚂蚁在跑小草正眠；枕流者可以听见在河之洲有雎鸠关关，枕流者也可以听见国破春深而花自溅泪。——你闻听了什么？漱石者可以渴饮笑谈奔走呐喊，也可以长歌当哭扼腕哀号；可以"扬眉挺腰""粪土当年"，也可以"半部论语走天下""一蓑烟雨任平生"。——你言说了什么？一枕一漱，说易还难。世间之事多如此，易在日常而平常，又难在经常而非常。

王楚达老师说："用文学的特性，渐染心灵，塑造灵魂，这既是《流石》作为一本刊物的追求与坚守，也是北京四中语文组的守望与追求。"我深以为然。世殊事异情随事迁，这是常态，但正因为是常态，所以才要有一种力量去对抗庸常。这种思考恰是我们对文学社的期待：敬畏手中的笔，敬畏写下的每一个字。秉持着这些朴素的想法，楚达老师十几年来和流石文学社的同学们默默耕耘。呈现在师生面前的一本本《流石》，装帧极质朴，内涵极芳华。

　　文学的力量是如此温润而长久，她春风化雨，令人一生承惠。我们特意邀请了四位创作者，在多年之后，回看他们曾经写下的文字，继而书写当下的感怀。我想来想去，给这四篇作品冠以《创作谈》这个平凡甚至有点俗气的名字。其实生活原本就是平凡的，就这么心平气和质朴真诚地谈一谈，讲一讲，就很好啊。

　　李曼祎在她的《创作谈》中这样写道：

　　　　后来我也和自己和解了。这种挫败感大概算是现代生活的一部分吧。毕竟，处在不同的人生阶段和时代，在不同事情上分配自己的时间和能量，也是自己做出的选择。不过我相信，认真做过的事情不会凭空消失，只要是自己认真在做并喜欢做的，都是自己的一部分，最终不会没有意义。比如，前一阵社会都在讨论"末日刷屏"，就是人会不断被手机上弹出来的负面新闻所吸引，然后不自觉陷入焦虑与内耗。我很庆幸的是，当我屏蔽掉那些信息后，又能回到以前长时间陪伴自己的文学和其他兴趣爱好，这让我觉得很踏实。

其实不论是文学，还是音乐、园艺、运动，任何长期养成的习惯对于一个人的影响都是深远的。每个人都会在生活中遇到幸福快乐的事情，也会遭遇一些不开心、不走运的事情。而如何看待这些事情、作出选择，体现了每个人的格局、智慧、性格。当然，社会大环境的问题与个人遭遇的不公平值得人们去探讨和改善，但同时，关注自身境遇和有限能力下自己可以能做的选择与努力，才能不断向前走，也会对自己身边的人产生积极的影响。而自己花时间投入的这些爱好，不论是小说中窥见的人生百态，诗歌中捕捉的思绪万千，虽然可能无法成为解决方案本身，但是能潜移默化影响着我，从中汲取精神上的力量，或是引导着自己找到能帮助自己的人。

多年之后，我又看到了自己最优秀的学生写下的文字，对于"优秀"二字，便又有了更加清晰和深入的认识。

我们负责种下种子，期待这些种子未来会开出多姿多彩的花。

如今，花开得真好！

# 目　　录

## 从观察到共情

## 流石：用文学渐染灵魂，用文字书写人生

# 从好奇走向探索

# 从阅读走入想象

# 从观察到共情

# 引　言

　　"从观察到共情"收录了6篇学生习作，前4篇选自四中语文组传统写作活动"身边的陌生人"。后2篇则来自2023年最新设计的"走近《乡土中国》，实现文化自觉"乡土调查活动。

　　读完本辑编选的6篇作品后，我脑海中不自觉浮现出《金蔷薇》中主人公夏米筛金粉的情境。夜深人静，夏米独自一人坐在院子里，簸扬从银匠作坊里收集的尘土，筛出点点金粉。看着金粉落下、尘土飘散在空中的景象，夏米想起了自己在乡村扬麦的旧事。我以为，簸扬筛金粉的过程恰是这6篇创作的最佳隐喻与注脚。金粉是从尘土中收集、筛选而来的，一次次簸扬激发了夏米对过往经历的回溯；正如写作灵感也是源于对朴素生活敏锐、精细的观察，作者与写作对象同频共振，在对他者的同情中走向对自我生命的认知与思索。

为了完成创作，小作者们梳理、盘点自己的生活，重新打量那些曾往来于其中的人与物，从亲人、师者到经常光顾的小店店主，再到充满童真的家乡歌谣、寄予着温厚人伦的家族祖祠，选择对象多样，选择范围亦如水面荡漾开来的波纹愈来愈广。这些人与物共同构成了丰富斑驳的生活形态，展现出广阔辽远的大千世界。

难能可贵的是，小作者并不仅限于描摹这一人一物，一事一生，而是力图见微知著，从人与物的故事中洞见历史风尘、把握时代变迁。正如鲁敏在读杨本芬、陶亢德、哈夫纳三人的回忆录时所说："这样一笔一画，有粗有细，草草莽莽的个体线条，就像生物学意义上的标本。"值得关注的是，那些有粗有细的个体线条，经由小作者匠心和巧思，有条理有逻辑地流利地呈现出来——有的述说人物完整人生经历，有的截取重要片段，有的则围绕个体研究过程展开——形成关于时间的标本，记录着一代人的经历，昭示着一段历史时期的发展。于是，我们与文中的姥爷走过建设新中国运输通路的人生历程，了解一个乡村少年如何抓住时代机遇走向大世界，从沈阿姨的经历中得到永葆生活热忱与生命活力的秘诀，见证了中意文化交流融合的过程，在歌谣与祖祠的故事里捕捉乡土变迁的蛛丝马迹。

当作者走近那些人与物，与无穷的远方与悠长的历史建立起联系后，他们带着沉甸甸的探索成果再次走回自己的生活，以之滋养、丰盈个体的心灵。他们或是凝结出关于本次写作活动的反思，或是从人物自信乐观、从容优雅的生活态度中汲取力量，或是在中外文化交流、城乡文明碰撞中更深入且立体地认识我们自己的文化。

至此，小作者们完成了簸扬金粉的工作，锻造出了一朵朵熠熠生辉的金蔷薇。成果编选付梓，既是对学生创作热情与成果的褒奖，更是对四中语文组写作观念的肯定。我们会继续呵护并培养学生的创作热情，引领学生们从观察走向共情，走向朴素广阔的生活，实现自我生命的丰盈。

# 走在人生道

◎王蒋怡

　　那是 1931 年冬月的某天，东北"九一八"的坏消息正颤动着整个中国的大江南北。四川省江津县石蟆乡村一普通的蒋姓农家，迎来了他们的第一个儿子。这男孩儿刚刚落地，就被寄予了负担整个家庭生计的希望。尽管后来他又有了弟弟妹妹，老大的重任他却一直扛在了肩上。10 岁时，母亲因病无钱医治去世；14 岁时，父亲也因病离世。从此，这无可推卸的责任重重地压在了他身上，伴随着推动他走遍四川盆地、云贵高原。他，就是我的姥爷。

　　1947 年，农村老家几经军阀混战、日本侵略，又面临了内战的纷飞战火。姥爷家中几亩只够饱腹之田，也被资本家倒卖敲诈了去。眼看着不满六岁的妹妹因为自己挣不到一分一厘的钱，在家饿死，身为大哥的姥爷痛心疾首，却无能为力。终于，他下定了决心，徒步走到了县城找寻工作，开始了他一生的奔波。

　　在县城，他多次访求，终于在一家药店当了学徒。帮着师傅捣药、抓药，姥爷每一步都做得刻苦用心。他不能忘记，妹妹的惨死。看着师傅家的宽敞明亮，他希望有一天，那个竹林旁的草屋，也可以摆上几大件精致的红木家具，把鱼肉饭菜、糍粑米线摆满方桌，尽上他身为大哥的责任，弥补妹妹的遗憾。这样想着，他更是一丝一毫不敢懈怠，小心翼翼，积攒着每一分工钱。然而，旧中国的天，容不下走向幸福的贫苦人。一天，就在他卖力捣药时，不慎伤到了右手手指，平时就很严厉挑剔的师傅毫不留情地把他赶出了店门。姥爷一下就丢掉了不到一年的工作，失去了容身之所，只好捂着流血肿痛的手回到乡下，但终因无钱医治，右手无名指落下终身残疾。直到现在，姥爷的无名指依然无法伸直，奇怪的弯曲把他被逐出师门的经历永远记录了下来。

可是，手指残废了，生活还要继续。姥爷无法忍受在家无所事事、挨饿等死的生活。从县城回到家不久，他又一次动身。这次，正值 17 岁的姥爷跟着传发《挺进报》的堂兄来到了重庆。这是姥爷第一次来到大城市。他打算跟堂兄大干一场，他打算摆脱家族传下的世代的贫民生活。不知道他是否阅读过了堂兄冒着生命危险传发的《挺进报》，是否受到了报上激扬文字的鼓舞。总之，"这次不能再出岔子！"时至今日，说到这段往事，姥爷的眼中还能流露出当年青春焕发、满怀希望的神采。

老舍笔下，祥子三次买车三次燃起希望却三次以失败告终。现实中，再度对未来抱有希望的姥爷在奋斗道路上又一次遭到劫难。在重庆，国民党的阵脚已然慌乱，并在慌乱中开始抓壮丁来充军。这种抓壮丁，无疑是抓无辜百姓上战场挡枪子儿充数。战场上形势越严峻，重庆这个大后方抓壮丁抓得越凶狠。很快，堂兄在一次发报中被抓进了渣滓洞。还没等姥爷想好下一步的安排，没过多久，他自己也被抓去当了壮丁。一群人乱哄哄地被赶到了一顶顶破帐篷前，勒令挤在几个帐篷里，躺在杂草上过夜。外面有几个慵懒的士兵，抱着枪。躺在这陌生的黑夜之中，周围泛来阵阵令人作呕的又闷又臭的气味，死一般的气味。在杂草的几声窸窣后，有时会传来一声叹息。姥爷怎么也不愿相信，自己心中的那个幸福的未来就这么被毁灭了，不要讲性命能否保住，他甚至连自己能否回到老家安眠地下都不知道！"不行！我还这么年轻！"姥爷立时从扎人的杂草中挣扎起来。他要出去，不论有多大的危险，一定要出去！不能这么睡过去，倘若在这里看到太阳再一次升起，他便逃不出去了。姥爷坐着，望着从帷布缝隙偷偷钻入的月光，镇定一下情绪。他趁外面的小兵熟睡，悄悄地，翻过军营的篱笆快速地向更黑的黑暗中跑去。"我一直跑啊不敢停。天亮后跑到了一个村庄里，怕被人抓到，在一个老乡家躲了一夜，走的时候还管他借了身衣服穿呢。"此刻的姥爷对我讲述着，已不再有当年那般紧张。

姥爷就这样跑，像祥子一样，跑出黑暗。

终于迎来解放，迎来新中国，姥爷重新回到学校学习。20岁时考上四川江津园艺学校，学习园艺专业。两年后，因表现积极，被推荐到云南汽车驾驶训练班学习汽车驾驶。几番转型，姥爷终于成为云南省交通厅最早的一批汽车驾驶员，投身新中国建设的洪流中。

他辗转滇东的开远市、滇西的保山市。每筹建一处汽车运输总站，都有他的身影。无数次的先进工作者称号、节油标兵称号、红旗车队……荣誉始终伴随着他，直到光荣退休。妈妈回忆说："小时候家里的墙上贴得满满的全是你姥爷的奖状。"

姥爷用半生的勤奋工作，见证了云南省汽车交通运输业的发展历程：从解放初期国民党遗弃的美国卡车，到新中国自己制造的解放牌汽车，再换成后来的东风牌汽车和黄河牌汽车，在新中国每一次汽车革命自主建造的新车上，都有姥爷的身影。他开着车，从刚解放时的羊肠小道改造的公路，走到双向行驶的国道，一直到如今双向四车道的高速公路；从当年由昆明到保山需要一个星期单程，到只需要三天，一直到今天的六小时车程。说着这些，姥爷那个自豪之情溢于言表，比他自己得了奖还高兴。

退休后的姥爷仍然热爱生活，乐观向上，勤奋好学。退休后，他就参加了交通集团的门球队，取得了门球教练员、裁判员的资格。还带领球队连续多年夺得保山市第一名！他的队友或者说球员们都说："蒋队长厉害得很啊！没有他可不行！"

姥爷爱学习电脑，不仅学会了上网，还学会用五笔输入汉字。就在 2007 年，姥爷还上了报纸，被推举为云南省保山市的文明模范老人。

激情与拼搏之后，生活总要归于平静。在硝烟战火与红色洪流之后，姥爷又继续用行动书写着自己的简单平凡的快乐生活。往日的奖状被历尽沧桑的手叠好，放入柜中，曾经的苦难

在平静后藏入了心脏的深处。而精彩的人生道路仍在延伸、
延伸……

指导教师：杨志刚

# 《走在人生道》创作谈

◎王蒋怡

    收到杨志刚老师告知我的文章将获出版的消息十分惊喜。算一算我竟然已经从四中毕业十三年了。十三年前的文章能被选中出版，这不仅是对我过去成果一种沉甸甸的认可，也是对我文章书写对象——如今已九十一岁高龄的姥爷一种莫大的人生鼓励。

    说起这篇文章，我对当年的写作过程记忆犹新。

    那时，"身边的陌生人"是我们从未体验过的语文实践活动。那之前我们的写作过程基本就是根据自己的经历和阅读直接创作。但这次，我们却需要先采访这位"身边人"。虽然我选中的写作对象是自己的姥爷，但是一想到要做认真的采访和记录，内心还是很紧张的。在必须完成作业的压力下，我鼓起勇气向姥爷表达了采访的需要。意想不到的是，不仅姥爷立刻同意，姥姥和妈妈听到后也十分兴奋，主动讲述、补充姥爷的故事。回头想来，像我这样勇气欠佳的学生，就是需要这种作业压力，才能有机会发掘生活的精彩吧。

    姥爷不是一个擅长言辞的人，过去关于他的经历一直是来自于长辈聊天时的只言片语。我大概知道姥爷有过一些具有历史意义的经历，但并不能串成完整的故事。有了这次活动，我终于有机会请姥爷专门为我详细叙述他精彩的人生。意外的是，在专访中，姥爷也没有说很多，多数情节倒是姥姥叙述的。姥姥叙述的语气里满是骄傲，对"老革命"毫不掩饰地称赞。而姥爷只是坐在一旁，偶尔点头，表示对叙述内容真实性的肯定。"身边的陌生人"给了这样的机会，让以前有所好奇却没有理由去挖掘故事的我去了解并记录姥爷的过往。解放前的旧社会残酷地带走了姥爷的父母和年幼的妹妹，逼迫年仅十几岁的他独身闯荡混乱中的社会。但是他凭个人的努力依旧换不回理想的生活。"是共产党创造的新中国给老百姓带来了理想的生活。"姥爷以前也多次跟我们说过这句话，但是在这次采访中我才真切体会到他这句话感情的真挚。是的，不了解老人的过去，怎么能体会他历经沧桑后的感悟呢？如果没有这次采访，姥爷真是我"身边的陌生人"啊。

我记得在四中三年的语文学习中，我们多次采用了"身边的陌生人"这样的网络写作形式。这在当时是一种全新的语文学习形式。因为写作更加自由了，我们有话可说、有感而发，自然写起来更加认真，也很期待去看别人的故事，更喜欢和同学们在论坛上热烈讨论。在毕业后的很多年里，我们许多同学依然利用百度空间、新浪博客等记录生活、互相评论。这种网络写作的习惯，在我其他学校的同学里是不存在的。我想这就是语文教育融入生活的实证吧。此外，在这类活动中，那时的我们对老师提出的字数要求叫苦不迭。但是长作文的写作经历让我在进入大学甚至工作后，面对各类作业、文书不再有巨大的心理压力，不敢说游刃有余，但至少可以从容、有底气地面对。

在四中的三年语文学习中，除了作文练习"超纲"，我们的阅读范围也很广。老师为我们选购过多本课本教学内容外的文学读物，比如鲍鹏山的历史读物《先秦诸子十二讲》、梁衡的散文集《觅渡》。这些书籍扩充了我们的阅读量，也使我们在面对语文考试的各种文章题材、作文形式时更加得心应手。对我个人而言，四中三年的阅读内容契合并进一步培养了我对先秦文化的兴趣，并且帮助我在毕业后自己选书、读书，继续历史文化学习。

这次文章被选中出版，我再次获得了受教机会。我这篇文章完成在十三年前，能再次被发掘，说明四中的老师们在教学工作中，对我们学生的学习成果不仅用心记录，还认真回顾。这对我们各行各业的工作都有借鉴意义。我们在大学时就有许多老师提到，在平时实习、工作中认真记录病例，是一名优秀医生的重要法宝。这一次，母校老师又为我做了亲身示范。

在四中学习生活的三年是我人生珍贵的经历，而姥爷是我们全家的骄傲。能有机会在四中的作文集中发表关于姥爷的文章，我们全家都十分激动。如今姥姥已过世，姥爷年事已高、行动不便，不再是能叱咤门球场的蒋队长。但是我们相信，当我把记录他青春人生的出版文章送到他手里，再次读给他听的时候，他的眼神里一定会再次闪现青春激扬的光。

指导教师：杜思聪

# 中国相遇意大利

◎丁嘉琪　邵玉雪　马子倩

## 地安门偶遇

步履匆匆的人流，闪烁变换的红绿灯，路口的秋栗香门口依旧拥挤着排队的人群。春初有些灰暗的天空下，西楼巷18号向内延伸出一条小小的街巷，巷口红白绿三色的店牌映着四周街灯亮起的光，在一片繁华中安然地笑。

步入这间只对着闹市开启一个小门的四合院实是一个偶然。在护国寺被即将关门的咖啡屋婉言拒绝后，我们登上了开往地安门的公交车，被地安门大街回家的人流推搡着，有些狼狈地一头撞进这家在灯红酒绿中默然无语的餐厅。

初春的风还很冷，店内桌上蜡烛的橙色火苗显得格外温暖，随着我们的推门而入向上跃起，舔舐着一旁银色调料罐的边缘。四合院的格局，四合院灰色的房瓦，四合院带着泥土气息的青砖。黯淡的阳光下，玻璃门外的院落中悄然弥散着明清时代中国街巷的悠然。这股古朴慵懒的中国风情漫步进店内，骤然与米白的墙壁、漆黑的台柜以及林林总总摆满整面墙的酒瓶相碰撞，一不小心便显露出玫瑰色酒液背后红白绿的三色国旗。在从柜台后探头出来的 Luca 的一脸笑容中，我们知道，这便是我们的目的地所在。

## 来自意大利的中国店

Luca 有着意大利传统的棕黑色短发和高鼻梁，也像我们想象中的意大利人那样浪漫而随性。而 Eatalia 是他与另外两位在中文课上的同学合作开起来的连锁店。尽管在交谈中他不止一次感叹中文之难学以及中文字之难写，说起中国，Luca 碧色的瞳仁中依旧带着一种燃烧的兴奋。

在他眼中，中国是一个与意大利久远的前身古罗马有着同样悠久历史的古国，古罗马已经消逝在欧洲的历史演变与国家纷争中，而中国却在如此富饶的土地上历经五千年生生不息，几经战乱波折最终依旧伫立在这片东方的土地上。那天，Luca 带着笑容，意大利男人温柔而阳光般温暖的笑容，歪着头斟酌再三，对我们说："嗯？中国文化很好玩，所以我来了。"也许是他三个月的中文学习不足以支撑他说出他心中最为恰当的那个词。

但那时，我有些错愕，从这位意大利老板口中说出的对于中国文化的描述，竟是我认知范围内最好的一个词。好玩，一种文化的巅峰不就是简简单单的"好玩"二字吗？因为好玩，它虽厚重却不死板；因为好玩，它那样生动而鲜活；因为好玩，我们想要去了解，想要去学习，想要去传承。

我们这才发现，这些就像我们一样行走于中国大街小巷的外国人，并非如同我们想象的那样对于中国的文化一无所知，被一个"方便"弄得晕头转向；也并非像我们对他们的印象那样，只钟情于自己国家的 ABCD。我们从没有真正了解过他们，这些像 Luca 一样怀着崇敬的心对中国文化发出惊叹的人。

是的，因为中国文化的好玩，Luca 来到了这里，中国，北京，地安门，西楼巷。Eatalia 这间意大利餐馆从此在中国的四合院中，对来来往往的行人打开了大门。

## 为文化交融而来

再见 Luca 已是春末，我们像拜访老朋友一样走进这家看似不起眼，却融合了两种古老文化的 Eatalia，迎面便是 Luca 带着意大利腔调的一句"你好"，伴着他手中调酒杯内冰块叮当的脆响与那一屋色块斑斓的意大利式独创现代画雀跃着对我们表示欢迎。

在二楼红色靠枕与白色构架强烈对比的长沙发上，四周目力所及都是起伏的青灰色瓦片，Luca 为我们点了一份比萨，在芝士的浓香与番茄略酸的汁液溢满我们口腔的同时，他将自己开店的经历娓娓道来。

在中国开店对于一位中文只学习了三个月的意大利人来说无疑格外艰难。账簿上的文字是自己所不熟悉的，隔壁邻居说着自己只能听得一知半解的语言，与店员的交流沟通大多需要英语和手势的辅助，身处的环境也不再是欧式的花园乡村而是连绵的四合院和穿着褂子下棋的老大爷们。尽管如此，Luca 依然一脸神往地说起今后他梦想的生活，他说，他还要留在中国，娶一个妻子，有自己的孩子，也许就这样在中国停留一辈子。

我们惊讶于中国对 Luca 的吸引力，就像刚进入店门时我们对着左侧屋内那幅改版的《最后的晚餐》目瞪口呆。Luca 解释说，尽管有着这样那样的困难和障碍，他依旧非常享受在中国的生活。中国对他来说，是一个崭新而又浪漫的冒险，也是一次让思想无止境延伸的旅程。这次采访的最后，Luca 提到 2015 年即将在米兰召开的世博会，而 2010 年的世博会开在上海。他说，世博会从中国去了意大利，中国与意大利也有建交。这里的意大利人很喜欢中国，而中国人同样对意大利有一个不错的印象。这些都表明着一个契机，一个能在意大利与中国之间构建起一座桥梁的契机，中国这样一个古老的国家一定是地球的未来，他希望看到这两个国家之间文化的交融与沟通。

Luca 怀着这样的愿望以及期许，决定扎根于中国，就在地安门这个小小的巷子里，铸造着文化的桥梁。

## 当中国相遇意大利

我们从未想过，在中国的街巷中有着寻觅文化的味道、为中国文化而来的意大利人。我们和他们也许曾经在某条人行道上擦肩而过，也许曾在南锣鼓巷的某个街角相互示意微笑，也许曾在同一个公交站台避过"7·21"的大雨。可是我们一直将他们的身份定义为，来中国旅游吃小吃的外国人，或是打算在快速发展的中国大赚一笔的商人。我们也许猜测过，他们会在自己的脸书上写下在中国的不便，会在到达中国的那一刻就打开地图琢磨要去哪儿，会在酒店里紧盯电脑屏幕寻找商机。但我们从未想过，他们的目光也许像 Luca 一样越过水泥墙上的广告，穿过阴霾的天空，翻过数字化的屏幕，望向了更远的地方。他们为了中国的文化而来，被这五千年史诗般浩瀚的文明所吸引，沉醉于她的魅力也同时思考着。正如 Luca，做着我们应该做但很多时候并没有做的事，了解我们的文化，保留我们的文化中悠久的部分，使其与世界舞台之上的文化交汇。

我们恍然发现，文化精髓何其复杂又何其简单，复杂到我们永远无法穷尽的地步，又简单到仅仅是我们心里觉得她"好玩"。无论如何，我们要做的，便也是像 Luca 那样建一座桥，连接中国与世界，连接华夏民族五千年文化与现代西方文化。若说中国是一条龙，作为龙之子孙，我们没有理由不将她熠熠生辉的鳞片展现在 21 世纪的世界面前，我们也没有理由不在她已是耀眼夺目的身躯之上，再勾勒出一抹崭新的色彩。

四月底又去了一次 Eatalia，临走时我们决定在那儿吃一顿。Luca 很大方地提出付我们的餐费，意大利人果然是名不虚传的友好。犹记得 Luca 在最后一次采访时一身正装，一脸灿烂笑容要跟我们合影的样子，还有他面带笑容思索一阵后，舌头打弯地说出"中国文化很好玩"时的表情。向在中国开意大利餐馆想要搭建文化之桥的 Luca 店主致敬。

指导教师：谢　超

# 以岁月为界

◎王皖豫　肖　玉　林涵群

　　以岁月为界，以尘埃为界，以记忆为界，以爱恨为界，偶然间打开时光的旅途，探寻那一段陌生的往事。

——题记

## 序　幕

　　生命中总有一些人，安静美好得像褶皱里的阳光，不声不响，不闻不问，仿佛是等待着我们在某一个灿烂的午后与他们相遇。譬如当我们第一次穿过嘈杂的窄巷，踏进护国寺繁华街角静静站着的那一家小店，恰好迎上沈阿姨明朗的微笑。

## 一

　　你的青春是什么时候开始变老的？是不是什么东西磨裂了轻狂？

　　其实很多人，很早就已经老了。沈阿姨是北京人，已经62岁了，有一个儿子。从她的容颜中不难辨出岁月的痕迹，可她的周身永远焕发着与年纪不符的阳光和活力。那种活力不是广场上大爷大妈们永不停歇的舞步，不是街头巷尾叽叽喳喳的家长里短，而是一种自内而外未曾退却的青春的味道和气质——教你面对一位年过花甲的阿姨，却无法摆出惯有的对于老年人不明来由的迁就和疏远。我们诚实地告诉阿姨，说她的气质与同龄人真的很不一样；她笑着说，是吗？我也觉得，自己好像比别人活得年轻一点儿呢。

阿姨说这大概是她与年轻人一起工作的缘故，自己似乎比大多数的老年人更能去接受那些从年轻人世界里洋溢出来的新鲜事物。我们问她，您愿意去跳跳广场舞吗？阿姨笑笑，不置可否。我想，这无关雅俗之别，无关舆论偏向，这种不置可否大概只是来自青春的倔强——也许青春，指的并不是人生中某一段特定的时光，而却是一种坚持：面对惊慌的世界，你能否守住心中那一座年轻的城池。

阿姨性格温和，爽朗，和她交谈是一件很美好的事情。因为你甚至可以从她的言语和神情中静观岁月缓缓地沉淀，又仰望它不羁地飞扬。我们也未曾想过居然在一位花甲老人的身上嗅到年少的气息，就是那一抹转瞬即逝的轻狂，被裹挟在杏色黏稠的岁月里，像一只琥珀，闪动着温润的光泽。

## 二

彼年豆蔻，年少是最美的童话。

20世纪六七十年代的北京城里，埋藏着沈阿姨的豆蔻年华——那是青葱岁月里永恒不变的主旋律：校园、情怀、梦想，还有爱情。我们提起了近几年来掀起感怀风的青春校园题材电影《那些年》《致青春》《匆匆那年》等，问沈阿姨会不会时常也有这样的心情，因为学生时代某个阔别已久的身影突然红了眼眶。

有，当然有。阿姨说她每每经过母校的大门口，都会想起自己小学时一位班主任。她说那位班主任是她最喜欢的老师，也是曾经最严格的老师：她每周都会去同学家中家访一次，每天中午都会很严厉地检查学生们是不是按时午休了；甚至有一次她发现自己衣服上的扣子掉了一颗，都一定几番嘱咐"明天必须缝好再来!"

从沈阿姨对细节的强调和叙述中不断夹杂的慨叹都看得出来她几十年来一直抱有的感恩和怀念。然而沈阿姨都已过花甲之年，我们无从探寻故人是否安在；"以前常回去探望她，可后来我也联系不上了……"眉眼间满载的是屈从岁月安排的无奈。我们每个人大概都是时光洪流中挣扎的一叶扁舟，被迫着碰撞、相遇，又被迫着撕裂、分离——只剩其间太多太多回忆，等待着在下一个途经的闸口，暗流澎湃。

听阿姨述说她的学生时代，似乎存在着一个不可或缺的部分——文学。

她说自己一直最喜欢语文，喜欢诗词，喜欢很多有哲理的人生格言，甚至曾经抄满了整整两大本，这种爱好也保留至今。我们都很惊喜阿姨居然能够保有这样高雅的爱好：喜欢诗词的人必有他的风骨和意韵、天真和浪漫；能够珍藏格言的人又自有他对生活无尽的热情和感动、理智和思考。

沈阿姨总时不时地谈起诗词，可当我们问起她最喜欢的诗，阿姨却突然开始推托腼腆起来，最终在我们的连连鼓舞下才轻轻念了几句："海客谈瀛洲，烟涛微茫信难求。越人语天姥，云霞明灭或可睹。天姥连天向天横，势拔五岳掩赤城……"

一首李白的《梦游天姥吟留别》，只有开头寥寥几句，阿姨又背得轻快，听不出什么特别的豪情与气概，仿佛只是岁月自唇边流过，叮当作响。我们好奇，为什么性格温润的阿姨会第一反应想到这样一首硬朗的诗；这首诗对于阿姨是不是有什么特别的意义？阿姨忙摆摆手："没有，没有……"而她随后却又提起，儿子的名字"瀛洲"和自己微信的昵称均来源于这一首《梦游天姥吟留别》。

没有再多问些什么，我们沉默着欣然接受时光中那些不可解的矛盾。也或许，是《梦游天姥吟留别》也好，《雨霖铃》也罢，那些逐渐模糊在年少记忆中的朗朗诗词，已融成一种朦胧而难舍的情怀挂念在心头——而至于那些几十年前近乎教条的字字句句，早已没那么重要。关于梦想，关于爱情，阿姨都没有说太多——大概是前者太遗憾，后者太圆满。少女时的她想当一名像齐越一样的播音员，但梦想几番颠沛流离，抱憾终结。谈到爱人，沈阿姨倒似乎有点儿回避的意味："这有什么可说的啊……"最终也只是说，他们的爱情，全然没有现今情侣那般大方明朗的缠绵，她所拥有的，更多意义上是一个志同道合的人，一份纯粹的爱。"我们就是志同道合，哪怕两人在一起吃糠咽菜过苦日子也觉得幸福。"

在沈阿姨的怀念中，我们渐渐看清那个时代，那段属于她的年华。

她说，那时的老师和现在不同，像养育自己的孩子一样地爱学生。

她说，那时的梦想和现在不同，只是那么单纯的对于美的追求。

她说，那时的爱情和现在不同，没有金钱和权力的沾染，就是喜欢，所以在一起。

## 三

人的嘴唇所能发出的最甜美的字眼，就是母亲；最美好的呼唤，就是"妈妈"。

这家护国寺街角的小店实在是小得太不起眼，十几平方米的店面除了放着柜台和两张小桌，也几乎没什么地方落脚了；小店也绝没有经过主人精心的装修，只有白刷刷的墙上贴着数张打印在彩纸上的菜单。店门把手上挂着一个同样由彩纸打印剪贴的小招牌"哪吒饭团"，与护国寺街边其他装潢精致、情调取胜的小餐厅对比鲜明。也正因为如此，我们去到这两种不同的餐厅所享受到的，一个是周到舒适的服务，一个是略显真实的生活。而阿姨的整家店里，最庞大的物件就算是隔开"待客区"与"后厨"的一扇折叠屏风了。

与店名相呼应，屏风上所画的是哪吒的形象。脚踩风火轮原本神气十足活灵活现的哪吒如今蜗居在区区弹丸之地，施展不开他的混天绫，显得有些尴尬和局促了。我们好奇，为什么偏要将这不太适合的哪吒屏风放在这里，居然还因此命名了小店。阿姨带着些骄傲的神情告诉我们，这屏风是她儿子画的。

阿姨说儿子是学艺术的，却有心愿经营这样一家小店，于是自己也在闲暇时帮着儿子张罗张罗；这面屏风是儿子即兴创作的，就一直保留在了店里。谈到儿子，沈阿姨显得很自豪，与我们分享起了她的"教子之道"：从小就不对儿子的成绩有过多苛刻的要求，不去限制他的未来，尽量跟随儿子自己的意愿，让他做出自己的选择；而沈妈妈更注重的，则是培养儿子的社会责任感。

沈妈妈说，她常教导儿子要积极为身边人做事，能力越大，责任就越大。譬如儿子上初中学习了物理之后，接触到电学的内容，沈阿姨就让儿子负责更换楼道里坏掉的灯泡，把学校里学到的知识付诸实践，来帮助邻里。

也许，在一名平凡女子的一生中，为人母是最重要的责任与寄托，沈阿姨也不例外。作为一个普通的妈妈，沈阿姨不曾望子成龙，像如今大多数家长那样，给孩子灌输精英的思想，强加给孩子精英的梦想；她更懂得给孩子平凡的快乐。她尊重孩子的选择，愿意为了儿子的小小梦想而与他并肩奋斗——永远无条件坚定的陪伴比物质上的支持来得有力得多。沈阿姨教导孩子"从学校学来的知识要用来回报社会"更让我们感触良多；我们惊异于一个平凡市民心中如此坚定的社会责任感。沈阿姨身上那些作为母亲身份的点滴智慧，也是推动社会不断走向美好的伟大力量。

# 四

岁月静好，现世安稳。

阿姨说，她现在每天都要读报纸、听广播，不管是国内版的还是国际版的，她都爱看。她喜欢从广播中听一些她不知道的东西，喜欢追求以前接触不到的文学作品。那些我们平日认为枯燥、不愿理会的经济节目她也乐于看，她说自己愿意学到一些新东西。

开这家店以后，她说最喜欢和来这里买东西的学生们打交道。的确是这样的，我们每次踏进那家小小的门脸，就能迎上沈阿姨最明媚的笑颜；我们爱上了她家浓郁的鲜榨西瓜汁，于是她永远用上最足的西瓜，榨出满满几杯甚至都还富余，叫我们快点儿多喝几口，她好再为我们添。

在采访的最后，我们问她："您满意您现在的生活吗？"她毫不犹豫地说："挺好的，身体健康，精神愉悦。还有这间小店，有一句话说得好：'失去财产的人损失固然很大，失去朋友的人损失尤其大，失去精神的人就损失了一切。'这间小店就是我的精神寄托了。"

她笑得很美，很真实：原来日子过得平凡、快乐，幸福和满足也会被那么明朗地写在脸上。一块招牌，一家小店，阿姨静静地坐在店里的椅子上，注视着繁华巷道上来往的行人，就好像能把这样美好的日子活到永远。

## 尾　声

　　蜂蜡慢慢融化，我喜欢琥珀色的黄昏。这样的时候，握紧的拳会不由自主地软下来，让一缕细沙和岁月里的恩怨穿过指缝；这样的时候，我们缓步踏出店门，慢慢行走在时光的边缘，模糊了岁月的界限。

　　　　　　　　　　　　　　　　　指导教师：谢　超

# 鲜衣怒马看陈郎

◎牛瑞颖　吴祎雪　陈奕旎　李涛屹

"当时我就想，我一定要从这个地方考出去！"年少的陈伟，栖身在寒冷的小屋中，看着眼前早已翻卷了边的书本，默默许下了誓言。

## 生长天地间

陈伟的童年，贫穷而快乐。"那时候我们也没什么好玩的，就是瞎闹。"刚刚收割过的高粱地上，大大小小的孩子们分成两拨，隔着一块空地蹲着身子按兵不动，手中紧攥着的，是一根根锋利的高粱秆。他们摩拳擦掌，个个跃跃欲试。忽然，不知是谁先耐不住性子，率先掷出了标枪，随即，双方都万箭齐发，一场一年一度的"大战"轰轰烈烈地拉开了帷幕。男孩子们"奋勇抗敌"，女孩子们也是"巾帼不让须眉"，一时间空地上空都被高粱秆所遮盖。一个不小心，孩子脸上就被高粱秆划出一个大口子，也不觉得疼，只是用手随便抹一把血，又抄起对面投过来的标枪予以回击。"战局"正在胶着之时，一名"大将"从一边跃出，他手中持一根粗壮的竹竿，一马当先，学着故事中的武林高手"拨打雕翎"，赢得阵阵叫好。待到冬日，孩子们便爬到场边高高的谷堆上，一对一地摔起跤来，两个人较着劲，非要把对手从谷堆上推下去才肯罢休。在最原始的天地间，孩子们笑着闹着，恣意地生长着。

偶尔，小村中会有放映队来放电影，这是孩子们最爱的东西。年幼的陈伟不知疲倦地从一个村赶到另一个村，只为了再看上一遍那每句对白都早已烂熟于心的电影。"有时候到了半夜，我睡着了，人家就叫我：'小孩儿，这么晚了，还不回家！'"陈伟笑笑，眼睛里透出欢喜的光。"那时候我们家花了一年的工资买了一台收音机，"他不无自豪地说道，"一个村就没几台，这是很了不起的。"自从家里添了收音机这个"高级货"之后，小陈伟的爱好又多了一项：听评书。在那个精神食粮和物质一样匮乏的时代，评书给了陈伟最初的知识启蒙，这也让他养成了听评书的习惯。"后来我在高考前还在听评书，《白眉大侠》。"

## 坎坷求学道

陈伟的初中和大多数人一样普通，还算不错的成绩让他有机会进入了重点高中。"我那时候也是一班哟。"可高中刚一开始，他就被泼了一盆冷水。"开学的时候，我们学校的校长告诉我们，我们前一届的毕业生，物理平均分，37分。"随后的物理学习，似乎也印证了这一点。"我们老师，一节课50分钟，总是最后10分钟讲新课，前40分钟都是上节课的练习，"陈伟有些无奈，"一个人，一节课就最后十分钟走神，结果就什么都听不懂。一个星期过去了，我们都不知道上过课。"由于客观条件的限制，再加上当时的教育理念还不完善，学校物理实验室的大门从来都是上着锁的，书本上所有的实验都是"干讲"，没有实践，只有几行油墨印成的理论。老师的板书也是寥寥几笔，只简单地写几个计算需要的数据，很多时候学生对自己几天前记下的笔记都是一头雾水。陈伟稍作停歇，认真地说道："那时候我们不会也就不会，也不知道还能怎么办。"就这样听了一个学期的"天书"，第二个学期，学校更换了物理老师。班级的物理成绩有所好转，但还是没有几个及格的。所幸新学的内容和上一学期的连贯性不是很强，陈伟在考试中取得了班级第一的成绩。期中过后，陈伟迎来了一件改变他学习轨迹的事：他被选上代表学校参加物理竞赛。竞赛所要考察的，是上一学期的内容。可以说是"零基础"的陈伟，为了参加竞赛，决定自己看书，照着书上的内容做一做练习册，临时"突击"一把。这一试，陈伟猛然发现：自己竟然把"天书"搞明白了！虽然最后在竞赛中由于各种原因没有取得很好的成绩，他却由此学会了自学。举一反三，陈伟将自学的方法用到了其他的学科上，结果证明这种方法十分有效，陈伟的各科成绩都提高了不少，从班级的中档一下子蹿升到年级前二三十名。此外，更重要的是，自学物理的成功极大地激发了陈伟对于物理学习的兴趣，这也是后来陈伟在大学选择和物理相关的专业的重要原因。

正是年少而心高气傲的少年们，常常会想出一些刁钻的问题来捉弄老师。那位"不幸"被少年们刁难的老师是数学老师，学生们知道老师的三角学学得好，就故意在下课后追着老师问关于三角学的问题，导致老师上课时只敢照着课本写板书，下课铃一响，便像得了救命稻草似的飞快离去，假装没有听到身后同学们的问题。"我们班，在高考之前，一度没有数学老师。"说这话的时候，陈伟的语气中有些少年般小小的得意。

"我们上学的时候就是学习，也没别的事可做。"陈伟的高中实行的是半军事化管理，所有的学生都要住宿。这不禁让人联想到现在的"高考工厂"。每天 5 点 30 分，学生们就拜别了周公，急急忙忙洗漱完毕后，6 点出操，不论男女，一律绕着后操场跑半个小时。接下来是一个小时的自习，然后才能吃早饭。之后就是占据了整个白天的上课和自习，直到晚上 9 点30 分回宿舍，10 点 30 分熄灯，作息十分严格。一天下来，近一半的时间都是强制性学习，再加上课间也没有什么娱乐活动——"我们男生就是掰手腕，女生就更没得干了。锻炼的话就是下课跑三四百米到一个纪念塔，然后再跑回来。"——陈伟就有了大把的时间自学。

按照一般励志故事的"套路"来说，接下来的剧情就应该是陈伟刻苦学习，然后顺利地考上心仪的大学，可现实却让他哭笑不得：自己竟然因为吃不饱而导致高考失利了！

在那个吃饭还要用粮票的年代，每个学生，不论男女，所拥有的那点儿可怜的粮票都远远不能满足正在生长发育中的身体。在饥饿的步步紧逼下，思维活络的孩子们甚至想到了伪造粮票。他们小心翼翼地把底色和粮票相同的页码数从纸上抠下，再仔细地粘到粮票上。虽然说这也只是"拆东墙补西墙"，但是饿肚子的滋味实在是不好受，能吃饱一天算一天——其实哪里算得上是饱呢，不过是没那么饿而已。"你们觉得烙饼卷腐乳好吃吗?"陈伟突然问道，"那时候我就买红腐乳，3分钱一块，几毛钱就能买一瓶，我就天天拿烙饼卷腐乳吃，腐乳就是唯一的菜。那样一瓶能够我吃两顿的。"陈伟顿了顿，"所以现在我再也不吃烙饼卷腐乳了，那时候吃腻了。"可即使这样，少年的胃还是感到空虚，于是乎，他们又想到一种新的方法——"蹭饭"。晚上，大家早已就餐完毕，食堂的工作人员正在收拾东西准备吃饭，却见几个小伙急匆匆冲入食堂，手里紧紧地攥着粮票。"不好意思师傅，我们来晚了。"少年们略带歉意地说道。"好了好了，把票交了，自己打饭去吧。"师傅不耐烦地挥了挥手。几个少年得了批准，飞也似的向着还带些余温的食物奔去，心中忍不住窃喜：计划成功了！他们如同饥民一般地疯狂掠食——其实也和真的饥民差不了多少。"我的记录，是一根筷子穿了八个馒头。"陈伟边说边用手比画，"我回宿舍，大约二百米的距离，一路走一路吃，一口水没喝，全吃完了。"关于如何快速吃馒头，陈伟也自有一套妙计："你就这样捏几下，把馒头捏瘪了，一口吃下去，嚼几下，咽了。知道猪八戒怎么吃馒头吗？就是这么吃。"可怜少年们有着二师兄的胃口，却没有神通广大的大师兄帮忙化缘，多数时候还是处在半饥饿的状态。长期的营养不良和高强度的学习，导致陈伟的身体状态一直不是很好。终于，在高考中，这种长期的亚健康状态，成为一块意想不到的绊脚石。

　　高考考场上，刚刚答完前半部分的陈伟，突然感到一阵头晕目眩，"脑子里轰隆轰隆，跟开飞机似的。"现在想来，大概是营养不良导致的低血糖吧。最终，陈伟落榜了。难过、懊悔在少年心中交织，他不甘心就这样放弃，就这样安心地栖身于这贫穷之地。他一定要考出去。在激烈的内心斗争之后，他决定复读一年，再试一次。因为面对的都是早已烂熟于心的知识，少年不再似初学时一般认真，上起课来总有些心不在焉。这一年就这么"混"了过去。结果不言而喻：陈伟又一次与心仪的大学失之交臂。俗话说得好：事不过三。在第三年，陈伟作出了一个大胆的决定：他背着家里人，把家里省吃俭用再加上借钱凑出来的学费"私吞"了，在外面租了一间屋子，又买了些吃的补身子，就这么自学了一年。那一年，在陈伟的心中留下了消不去的痕迹。东北的冬天之寒冷，是常人难以想象的，"哈气成冰"并非天方夜谭。小小的一间屋子里没有暖气，唯一的热源就是陈伟自己用电热丝缠的电炉子和电热毯。他甚至还必须用砖头在炕上垫起一块木板睡在上面，否则那仅有的一点儿热量瞬间就会被冰凉的炕所吸走。电炉子整天烧着，由此产生的高昂电费令房东很是不满。为了继续在这难得的便宜房间里继续住下去，陈伟用了一点儿"小手段"，总算是解决了这个问题。时间一点儿一点儿流逝，电炉子的电热丝断了又接，接了又断，眼看就要被彻底抻断了，冬天终于挨到了尽头。不久，陈伟迎来了第三次高考。这一次，他稳定发挥，取得了满意的分数。

"当时想着有补助，就选了这所大学和这门专业，可是等到我们的时候，没有补助了！"陈伟苦笑了一下。陈伟选择的是东北林大的物理应用专业，学习的是单片机的制作。他希望借此能够在北京找一份工作，以后在北京生活。"我们那个地方，太穷了，我想我必须出去，要到北京去！"等到大学毕了业，陈伟才发现，从自己这一年开始，不再包分配了。一种紧迫感驱使着陈伟到处寻找一个去北京的机会。正在这关键时刻，陈伟的高中同学给他带来了好消息：北京需要物理老师。"只要能去北京，北京需要我做什么我就做什么！"怀着这样的信念，陈伟来到了北京。最开始的时候，他在大兴区的一所学校任教。"我以后就在北京生活了！"陈伟这样想。

## 辗转在北京

合同期是 6 年。转眼间 6 年已过，陈伟也已成家立业，看着早已变得陌生无比的单片机领域，陈伟放弃了转行的念头，决定跳槽到一所更好的中学去。"说来也可笑啊，我在北京教书 6 年，不知道哪所中学最好。"在他人的推荐下，陈伟来到崇文区的一所学校寻求机会。那一天的北京下着蒙蒙细雨，陈伟和爱人坐了好久的车来到崇文，却在学校门口碰了壁。门口的保安告诉陈伟，招聘已经结束了。陈伟坚持要见校长，保安告诉他如果他想应聘的话，可以把简历留下。"我一听这不是应付我嘛！没留（简历）！"受了挫败的陈伟从学校出来，和爱人顺着马路往回走。突然，陈伟的爱人指着一块牌子给他看："那所学校好像也是一个区重点，你去看看吧。"后来她坦言，当时只是怕陈伟心里不舒服，其实并没有要让陈伟跳槽的打算，毕竟房子什么的都在大兴，搬过来也不太方便。然而俗话说得好：无巧不成书，正是这一句无心之言改变了陈伟的人生轨迹。在这所学校的门口，陈伟得到了和之前一样的答复。正在这关键时刻，新任校长打来了一个电话，在得知陈伟的情况后，校长同意和他谈谈。学校在了解了陈伟的情况后，让他过两天来试讲一下，可谁知陈伟却提出今天就要试讲。"我大老远来一趟不容易，来回跑太麻烦了。"陈伟的理由很简单，却着实惊到了校方：这个老师胆子可不小！学校方面讨论后决定让陈伟准备一下再讲，结果他又要求最好是现在就讲。"天下着雨，我下午还得回去呢。"说这话时，陈伟的语气轻描淡写，却让人有一种热血少年漫画中男主角一般意气风发而自信的感觉。终于，几经商讨之后，试讲被安排在下午第一节课。陈伟顺利地完成了试讲。随即，学校聘用了陈伟。陈伟的第一次跳槽，在一天之内完成了。

在新学校教了一段时间后，陈伟逐渐了解了更多更好的学校，心里也萌发了再次跳槽的念头。一次偶然的机会，让他接触到了当时四中的一位教研组长——也是物理老师。在得知只要课讲得好就可以调进四中之后，陈伟决定试一试。"只要不是靠关系，靠讲课的，我都敢试！"又是一次犹如热血少年漫画一般的展开，陈伟的第二次跳槽，同样是在一天之内结束战斗。陈伟的自信不是空穴来风，而是源自他积蓄的实力。"你一定要有准备。当时的话，就是自己很有心眼。学习过程中我留下一些经验：什么东西是别人不知道的，什么东西是别人没有的，要把这些东西印在自己的头脑中。你不知道什么时候就可能会用到，一旦你需要用，你不知道，再想去学，可能就来不及了。这个有可能会给你们将来的竞争提供一个帮助吧。"陈伟轻松的笑容，此刻却令人生出几分敬意。

## 四中这些年

转眼间，陈伟也已在四中工作十年有余了，带过的学生已经有五届了。如今陈伟接手新的班级也已经三四个月了，当谈及对学生们最深的感受时，他提到一个词：善良。"咱们同学给人感觉非常规矩。刚开始的时候，我和你们互相都不认识，但是你们在期末（考试结束）那段时间很乖，开会的时候没有因为老师是新来的就直接走掉，有事也主动和老师请假，由此我就觉得你们特别善良。这种感觉也和我带的上一届班级有关。"上一届学生，在升入高二和高三的时候，陈伟两次提出建议，将班级进行了拆分。"那个班级，风气特别不好，要是不拆开的话，对其他班影响也不好。"所以上一届学生，陈伟并没有完整地带完。"那个班也是一班。后来让我带你们班的时候，我就想，这也许是'历史的传承'吧，等到把你们带完高三，才算是带了一个完整的一班。"

在四中的这些年月，陈伟亲眼见证了四中的发展，陪着她一步一步走过。"现在老师们经常说，如今的学生不如以前了。这其实应该是一种恨铁不成钢的心情，是一种急切的愿望。"陈伟的眼里流露出真挚，"实际从整体的发展上看肯定是一届比一届要强，只不过有时候老师是希望学生一届更比一届好，总希望能看到特别大的变化。当老师看到这届学生没有很明显的比上届强或者相同的时候，就觉得这届不如上一届。"诚然，现在的学生和以前相比，有时候会缺乏一种"韧劲"和"打破砂锅问到底"的精神，学习上出了问题，不太愿意找老师交流。也许是学生们较之以往，心理更加成熟，自我认识更加全面，抑或是别的原因，老师自己也说不清。这或许就是所谓"代沟"吧。

"这张照片应该是她抓拍的。"陈伟细细端详着自己的微信头像，"这是你们的学姐给我的——也不记得是哪届了，反正应该是高三的，这两年我都在高三——我觉得还可以，就用它了。"照片上的陈伟，神采飞扬，意气风发，双臂环抱在胸前，一只手抵在下颚，正眺望着远方，满眼的喜悦与自信。大概是想起了什么有趣的故事吧。

## 乐活人生路

"陈老师是学校里唯一一位正儿八经练过武术的人。"在交接班级的那一天，魏华老师如是说道。"其实这话说得不准，应该说是物理老师里面练武术练得最好的，练武术的老师里面物理教得最好的。"陈伟不好意思地笑笑。其实陈伟练武术也是个偶然，原本他是想去考体育里的武术专业，可当他得知还需要去找名校的教练拜师递帖子，既费时又费财时，考虑到并不富裕的家境，他就打消了这个念头。不过从此以后，练武倒是成了老师的一个兴趣爱好，没事儿的时候就练一练，还可以强身健体，好处多多。

除去练武，陈伟还喜欢游泳，这源自他童年的经历。在陈伟小时候，他最喜欢的事就是每年夏天，到家乡的河里或是水库里去游泳。"那时候就是瞎游，就是狗刨。"这么多年下来，陈伟的游泳技术提升了不少，比如他最出色的仰泳，已经可以做到完全不动地漂在水上了。

对于为什么能浮在水上这件事，陈伟兴致勃勃地举了一个关于猫咪从高空落下而不会受伤的例子："猫在下落的时候，它的毛会全部张开，这样它的下落速度就不会很快，再加上它的爪子上有肉垫可以做缓冲，就不会摔伤了。"说这话时，陈伟笑得像个孩子。"我们家原来养过一只大白猫，叫大帅。"都说猫咪是通人性的，这话放在陈伟家的大帅身上一点儿不错。每天陈伟下班回家，拍一拍腿，不管大帅在屋子的哪个角落，它都会立刻蹿出来，冲到陈伟面前，趴在他身上一动不动，很是享受着与主人的亲密接触。有时候陈伟的工作比较多，回家以后还要在电脑前办公，顾不上唤猫，大帅也会自己主动跑过来，要求趴到他的腿上。尽管很不舒服，它还是坚持要和主人待在一起。后来的一次出游中，陈伟一个没注意，让大帅跑出了门。以往它若是跑出去，很快就会回来，可谁也没想到，这一去，竟是诀别。"后来它就再也没回来。"陈伟的声音有些低落，"有人说，猫快死的时候就会离开它的主人，去一个别人找不到它的地方。可能大帅就是这样吧。总之，从此以后，我就再没见过它了。"虽然爱猫不幸丢失，陈伟对猫的喜爱却一直未曾消退。不久，他又养了另一只猫。"这只猫才两岁，叫五仁儿，是我闺女给起的名字，因为它是只花猫。"料想小五仁儿在陈伟家一定也生活得十分快乐吧。

除了这些，陈伟还对古诗词很感兴趣，曾经在语文早读上纠正过大家读诗词时的发音。"我都是自学的，就是把它当一个爱好。你不要把它当作学习，我不喜欢把学习当成一种压力，学习当成压力就没有动力了。"陈伟一字一顿地说道，"我以前带学生，就和他们说你们现在学得好与不好，不是我带你们的目的，（我的目的）就是让你们不要讨厌学习，做一个喜欢学习、终生学习的人，对你们将来的发展是最有用的。因为我是深得其乐、深受其益的人。所以说，一个人，最关键的，不是你最开始走得有多快，而是你的一生能走多远。只要你现在学习，你就会走得很远很远。可能别人最开始比你走得快，但是走得快的人，如果他没有做到一生坚持学习，他总会有停下来的时候。至少我是这样的感觉。

"其实我在教学过程中，一直是坚持这样一个原则：就是不要求同学们现在一下子能学得有多好，我希望同学们能养成一个喜欢学习的（习惯），能够终生坚持学习，将来你的路一定会越走越宽，人生一定是灿烂的。"

只是简单的几句话，却凝集着陈伟这些年来最深刻的感受：因为种种不可抗力，他几次身陷彷徨，最终还是坚持下来，只凭着"要去到更好的地方"这个单纯而坚韧的念头，和一腔少年的热血，他大胆向前，一次又一次跨过旁人畏惧的险阻，带着最诚挚的初心，一步步向前。

怀着坚定的信念，陈伟走出了贫穷的家乡；凭借着自信与实力，陈伟几经辗转走进了四中；怀着一颗简单而快乐的心，陈伟过着他所热爱的生活；秉持着以兴趣驱动学习的初心，陈伟带着一届又一届学生，走向更美好的明天。

指导教师：魏　荣

# 数 九 歌

◎程鸿波

《等待春天的八十一道笔画》通篇读下来，结尾处作者对人生的感悟我竟没读出其滋味，反倒是前文的引子——数九歌令我感触颇深，大抵这便是我的天地了吧。

"一九二九不出手，三九四九冰上走"仅仅是瞥了一眼，这首民谣便使我生发出无限的熟悉感，进而"爱屋及乌"，觉得整篇文章都亲切了不少，因为这毕竟是我童年时的东西，而记忆里童年时的东西总是闪着金光的，让人瞧着仿佛比那功名利禄都金贵百倍千倍。

可是，这熟悉中，总是透着一丝违和感，违和在哪里呢？对了！"九九杨落地"就是因这句的过！这句与我记忆中的数九歌不相符，它们不是原装的！是经篡改阉割了的！

我登时起了斗志，尽管我早已忆起来之前读过的数九歌是什么样的，可还是忙忙地翻出幼时的读本，装模作样地小心翻开，仿佛在拜读一本名贵的古籍文献似的。翻了两页，嗨！正是了！

> 一九二九不出手
>
> 三九四九冰上走
>
> 五九六九河边看柳
>
> 七九河开
>
> 八九雁来
>
> 九九加一九
>
> 耕牛遍地走

我又忙忙地把这"研究成果"细细地誊录下来，附在本文旁边，得意极了，仿佛自己就是那数九歌"学界"的周汝昌，在大家都被蒙蔽，真本散佚殆尽时，我振聋发聩地吼了一嗓子，惊醒了迷睡的众人，让真本再现于世。只可惜没人知道这档子事，也就没人来道喜称颂了。

我又一字一句地审了一遍，但这一次，那股违和感又来了——这"研究成果"只是我上学后从书上学来的"标准版"，究竟不是真正的我童年里的数九歌，至少也不是初版。我记忆里那最初最初，几乎在我生命的起点便存在了的数九歌，是从当时抚育我的那几位长者口中的童谣里，耳闻来的，但是，究竟是怎么念来着？我竟一点儿印象都没有了。我霎时间竟有些不知所措——这自家童谣里的东西，我可上哪儿查去？等等，自家童谣？可是了！书查不了，我去查人哪！我实在是佩服自己想法子的能耐，一面又扯着嗓子嚷道："妈！那个数九歌咋唱来着？"

我妈被弄得一头雾水："数九歌？不就是'一九二九不出

手，三九四九冰上走'吗？"

"不是这个，是老家那个，我小时候你们老给我唱的方言版的那个。"

只听得那边默念了几句方言，随后又传声道："我也记不太清了，你问问你爹吧！这些有的没的他记得多。"

我又扯着嗓子喊道："老爸！那数九歌咋唱来着？老家那个，不是现在普通话那个。"

出人意料，我向来万能的"超人老爸"这次也不灵了。老爸仰着头思索了半天，方才试探着说道："一（音'耶'）九二（音'儿'）九……一九二九……押（xie，一声）门唤（huan，一声转二声）狗（轻读）？"

"'押门唤狗'都五九六九了吧？"我凭着记忆中残存的一点儿押韵反驳道。

"三（音'桑'）九四（音'思'）九……三九四九也还是冰上走吧？得得得，我也记不得了。"老爸无奈地苦笑道。

"问问你姥姥吧，老人对这些旧习俗总是记忆深些的。"老妈提议道。

于是我又拨通了姥姥的视频通话，可姥姥也只依稀记得前两句好像是"一九二九，掩门唤狗。三九四九，冻烂对久。"再后面的也一并"还回老家"了。

"你姥姥也来北京有二十多年了，老家的很多事也忘差不多了。"老妈轻声说道，也不知是在向我解释，还是在自言自语。我只觉得心中一颤。

可童谣还是要找齐的，最后又给爷爷奶奶打了电话，他们至今仍住在老家，且是我人生前六年的主要抚养者之一，我记忆中的数九歌大抵便是他们唱与我的。在爷爷奶奶的讨论中，我终于找到了那首记忆中的数九歌：

文版：


一九二九闭门插手

三九四九冻烂对久

五九六九押门唤狗

七九河开

八九雁来

九九加一九

牛儿遍地里走


音版：


耶九儿九憋闷插手

桑九思额九东浪对久

五九留九楔闷还够

切九河开

拔九酿来

九九加耶九

牛儿咔的了奏


据查"对久"应是过去农村里的一种石质农具。但大抵已被其他的工具替代多时，导致人们已想不起它是什么，只能作为数九歌的一个韵脚留存在人们的传唱中（尽管它存身的歌谣也已渐渐被人们忘却）。

录毕，看着这首数九歌，我再没有了先前成功的快意，只感到一阵惶恐，一阵发自心髓的惶恐：我们的文化流失得太快了，快得甚至都来不及注意到，它便消失得无影无踪了。各地的数九歌想必远不止我童年时的这首，可现在，它们竟都从我们的视线中消失了，只剩下一首"标准版"供人们传诵，可就是这首"标准版"，也在不断被削减、阉割，就连它的精髓，"九九加一九，耕牛遍地走"的连韵，也被换成一句"九九杨落地"草草收尾。未来，会不会干脆连这数九歌也一并流落，化为注释里的一句"已佚"？我不敢也不愿再往下想。

以前总觉得，这些传统文化已经印在脑海里、融在血脉里了，是忘不掉的，可回忆了一番才发现，它们中的大部分早已沉入脑海的深幽处，永远也捞不回来了，只有少数被篡改了一轮又一轮，完全"顺应了主流"的仍浮在浅海，供人觅到后沾沾自喜，误认为自己是"传统文化继承者、发扬者"；以前总觉得，这些传统文化都在书上网上备了份，不仅人人能阅，而且不会消退，是忘不掉的，可真去查找一番才发现，稿纸和屏幕只能记录文化的皮毛，那些干巴巴的文字是承载不起文化深邃的内核的，能承载起纯正真实的文化的，有，也只有活生生的人，况且，这些记录自问世以来便少有人提及，只能缩在角落里，默默地等待那次"断舍离"、那次清数据的到来……当皮毛都消失殆尽，血肉、内核又从何谈起；以前总觉得，只要老一辈的人还健在，这些传统文化总还是忘不了的，可实际去问一番才会发现，文化消逝的速度要远远快于人们远去的速度，现代的生活水平和医疗卫生能从死神手上抢下来人，却对文化的衰残无可奈何，现在的社会早已不是乡土的社会，教化的权力已被飞速的发展击得粉碎，老一辈人也从教育者的位置退居被教育者的位置，转而需要新一代帮助他们适应这个新社会——当一种文化存身的人群都已退居舞台边缘，这种文化离没落便也不远了。

忽而，我又生发出一阵悲伤：文化从不是一个冰冷的定义，它是记忆，是记录，是人们，是我们生活乃至生命的一部分。文化没落了，我们生活乃至生命的一部分便也不复存在。我上一次回望过去是什么时候？我上一次查找资料、了解历史是什么时候？我上一次给爷爷奶奶、姥姥姥爷拨通电话，又是什么时候？早先，我们病态般地追求实用主义，在"学而有用，行而有用"的口号声中将回忆、记录，以及与老一辈的交流视为浪费时间精力，殊不知没有根系的大树即使再繁茂也是无法存活的。现在，我们一面口口声声地喊着"传承传统文化，保护优良传统"，一面又将传统文化存身的载体——那些记忆、记录和人们划在研究范围之外，岂不南辕北辙，只增笑耳？

手机来信的嗡嗡声将我拉回现实，原来是姥爷向我问询我查来的数九歌的内容，他想收录到地方县志中去。地方县志？那是什么？我随手查了一下——记载一个县的历史、地理、风俗、人物、文教、物产等的专书。我又翻了翻姥爷发来的几章片段，有关于人物回忆的，有关于历史记录的，有关于前人生平的……最终，我的视线定格在一串人名上——那是这本地方县志的编写人员。这许许多多的文字在我眼前跃动着、喧腾着、汇聚着，让我联想到又一个熟悉的词——希望。诚然，这些传统文化正在以极快的趋势从越来越多人的生活中流失，但总有一些人，一些"学而不为有用""行而不必有用"的人，愿意花一些时间和精力，去把散落在历史碎片中的传统文化一片片拾起，收好，编成一份份文献留存下来。这些人往往在历史上留不下名字，只能冠以"佚名""无名氏"一类聊以纪念，他们呕心沥血的作品往往也很难保存下来，总是和它们的作者一起隐没在历史风云中。但正因为有这些人、这些书的存在，我们的文化无论经历怎样的磨难、怎样的破坏，总是能留存下一点儿星火，进而历久弥新、生生不息。我也相信，即使是现在，也会有这些人，这些书，为我们的未来留存一点儿星星之火。

就让我也成为这"无名氏"中的一员吧！

## 后　记

正文已经结束，但我的思绪却远还未画上休止符，姑且就把这些杂想放在后记里，供大家"破一时之闷"吧。

其实这篇《数九歌》能写出来真的挺巧的：我恰巧是听着数九歌长大的，又恰巧在《等待春天的八十一道笔画》中与这位童年故友重逢；我恰巧在这个寒假有这么一份写作的任务，又恰巧生发了一股写作的激情；我恰巧有几位愿意付出时间精力听我调查问询的长辈，又恰巧遇到一位尽心尽力"传道授业解惑"，引导我、教诲我的语文老师……这一个个巧合推动着我把这个原本只是浅尝辄止的交差之作一遍遍打磨、润色，最终成了此篇可堪一读的作品，不得不说是我的幸运。

另外，大家看这篇数九歌的音版想必也觉得很好笑吧，毕竟用普通话的发音去模仿方言总是蹩脚的，但这也很直接地说明了一个问题：文化绝非仅凭冰冷的文字就能承载下来，它最主要，也是最重要的载体，永远是人。

说起方言，不禁又让我想起另一桩事：我祖父是只说方言的人；而我父亲则以普通话为主，方言为辅；到了我这辈，对方言就只能是勉强听辨；至于比我再晚一辈的（譬如我一个表侄），便是地地道道的"普通话人"了。这大抵也是文化飞速流逝的一个表现吧。

愿这篇拙作能为各位带来些许兴致。

指导教师：杜思聪

# 关于江西地区祖屋和祠堂的调查报告

◎雷承恺

在老家江西，每年过年都有一个习俗，那就是大年三十的早上要从县城回到乡下，去祠堂拜一拜，并且给逝去的亲人们上坟，这叫"还年福"。今年回乡里，我发现了一个和以往不同的地方，那就是父亲曾经给我指过的在乡下的祖屋由原来的一间土屋变成了一座两层小楼。一问才知，是小叔在今年刚刚修起。本来我就对大年三十回乡祭拜的这个习俗很感兴趣，再加上今年这个新奇的现象，最终促成了这篇调查报告。

先来说说祖屋吧。在讨论重修祖屋这件事之前，我们要先介绍一下到底什么是祖屋。简单来讲祖屋就是农村地区家族里一直居住世世代代流传下来的老房子，不一定真的一直是那同一栋房子，但一定是同一片土地。

那么祖屋到底意味着什么，重修它又有什么作用呢？针对这些问题，我采访了几位家族里的长辈。不问不知道，原来不只小叔，大姑父、表叔他们都把家里原先在村里的祖屋重新修葺过了。这就很令我疑惑了，明明都已经全家搬到县城里了，为何还要在十几公里外的乡下再花费人力物力呢？特别是表叔一家，连表叔自己都是从小在县城里长大的，按理说应该对乡下没有什么感情啊。于是我的第一个问题就是你认为重修祖屋的实际意义大还是象征意义大，换句话说，你认为修祖屋到底是不是用来住的。

答案很一致，也并不出乎我的意料，几位长辈都表示祖屋的重修仅仅是一个象征，并没有什么实际作用，他们也不会三天两头就跑回去住，一年里的大部分时间都是空在那里了。这一点其实从内部的装修上也可以得到侧面印证，基本上等于没装，墙壁地面都是本来的水泥结构，大部分房间都空着，少部分的也只是放了床而已。倒是每家都会标配一个麻将机，也算是一种地方风俗了。这可与房屋的外表产生了截然不同的对比。

在如今的乡里，房屋的风格可以说是百花齐放，不过大多是遵循着一种风格，一种你没法形容，但是一看就知道是当今中国农村地区的风格。由于疏忽，这次没有拍摄什么照片，如果感兴趣，大家可以去实地看看。除此之外最多的就是仿西洋式的小洋楼，可以说是四不像了，但是看着足够大气，足够不一样。像我们家几个住在城里的长辈所重修的祖屋都是如此。

因而我的第二个问题就出现了，祖屋对于他们这一代人来说，到底意味着什么？以至于要花几十万去在农村修葺一个和纪念碑本质上没有区别的房屋，要知道，在如今的中国四五线城市，对于一般家庭来说，几十万也不是说拿出来就可以拿出来的。

对于这个问题，各位长辈有自己的说法，表叔在采访中说道："祖屋就是家族根基的代表，我们不能忘本啊！"在说的时候，他的语气中强调了"不忘本"这件事。而小叔也在采访中提到了"不忘本"这件事，同时还说道："祖屋是我和你父亲从小生活到大的地方，对我们来说，有着家的温暖"。"家的温暖"这点我可以理解，就像我们从小到大住惯的家，总希望它能更新一点儿，更好一点儿。可这说来说去的"不忘本"，到底又作何解释呢？

因此，除了原有的几个受访者以外，在这个问题上，我又采访了我的父亲。作为家族里第一个走这么远的人，也是第一代走这么远的人，在这件事上，他处在一个既是参与者也是旁观者的角色，于是他的看法就相对地深入并且客观一些了。在一开始准备重修祖屋的时候，老家是询问过父亲的意思的，但是父亲一是认为离家太远，照看不过来；二是觉得没有太多必要去花钱修葺，于是就让小叔把他的那份和小叔自己的放在一起，一并修葺了。可为什么是觉得没有太多必要而不是觉得完全没有必要呢？

对于这个问题，父亲的说法是，在世代务农的乡村，土地就是先人留给后人最大的遗产和财富。耕种好自家的土地，就是能将家族传承下去的表现，是对祖先最好的祭奠，而如果将自家的土地越做越小，就是对祖先的大不敬，因为你毁掉了他们为之奋斗一生的劳动成果。而在如今的社会，土地已经全部归为国家了，因而也就没什么所谓的祖地一说了。但是祖屋所在的那片宅基地，虽然名义上依旧是公家的，但因为上面盖的是自家的房子，所以就成了如今人们眼中的"祖地"。在当今的政策下，那片土地是以宅基地的名义存在的，如果上面的房子塌了，这片土地就会被收回公家，另作他用。而家里的祖地丢失，在村子里就是忘本的表现，会被村子里的人在后面指指点点。同时还有一个不太好说出口的原因就是想以此来表现家里这一支已经光大门楣了，离开了村子去到了城里甚至更远的地方。将祖屋修葺得焕然一新，就是你们家光大门楣的证明。这也就解释了我们前面提到的现象，为什么重修的祖屋大多数从外表看都很漂亮，但内部装修却非常简单。

虽然长辈们的观点如此，可他们终将有一天会老去，时代的接力棒也会交到我们这一代手中，那对于重修祖屋这件事，我的哥哥姐姐们又是如何看待的呢？通过日常的交谈，对于同辈人的态度，我大致总结为理解但不支持。相比于我而言，老家的哥哥姐姐们从小便在县城里长大，对于老家的风土人情也是耳濡目染，因而更理解和接受这件事情，但谈到我们长大后是否还会做类似的事情时，每个人都没有给出确切的答复，无论是与不是。这对于他们来说，似乎是一个需要深思熟虑的问题。那一刻，传统与现代在他们的心灵深处碰撞，但没有一方获胜，所以也无法给出答案。至于几十年后，当这不仅仅是一个假设的问题，而变成一个真实的需要解决的问题时，他们所作出的选择，就只有时间能给予我们答案了。

至于我个人而言，我的态度是很明确的，我在思想上可以理解这种事情的发生，但我仍然认为这完全没有必要，当轮到我来做出选择时，我的答案也是否定的。原因很简单，作为一个从小生活在北京的人，我听不见，也不会在乎村里人的非议。我如今的生活境况也不需要用一座千里之外的纪念碑去证明。如果我真的对家乡保有深厚的情感，所做的也应该是有时间就常回去看看，而不是只留一座空荡荡的房子在那里，以示我的存在。土地固然代表着家族的传承，但没有人的土地，就没有了任何的附加意义。

针对祖屋的调查与研究基本上就告一段落了，那么接下来就是有关祠堂的调查报告了。其实准确地来讲应该是针对"还年福"这个习俗的调查报告，祠堂不过是一个载体，但是结合上文中祖屋也是一个建筑，因而就用祠堂来代替这个习俗名称，以达到一点点的关联性。

对于"还年福"这个习俗的调查，我并没有去采访谁，因为我自己就是亲身的参与者，而且经常参与，基本上只要回去过年，年三十一大早就要去"还年福"。大体的流程就是要在大年三十的早上 6 点左右，驱车从城里赶赴乡下，到达时一般在 7 点多，这时家族里的人也就陆陆续续地集中到祠堂了。

所谓祠堂，其实就是一个类似于寺庙里的大殿那样的房间，但比那要小得多，所供奉的也不是佛像，而是家族里很久远很久远的祖先的牌位，上面所刻的字我至今没有弄懂是什么意思。在牌位前面会有一个长桌，上面摆放给祖先们的供品，以及三个香炉，供人们在上完香后将香插起来。同时还会有几个蒲团摆在地上供人磕头时使用。

大概在早上 8 点左右的时候，人就来齐了。这时，所有人就会集中在祠堂门口的空地或是台阶上。人会很多，但很多已经是出了五服的远房亲戚，大家不过是祭拜同一个祖先罢了。站的队形倒是没有什么要求，大家零零散散站好即可。然后就会给每个人发香，当所有人的手上都拿到香后，就会放一阵无比漫长、震耳欲聋的鞭炮，一扫你早起时还未睡醒的不清醒。其目的就是要将祖先们也唤醒，告诉他们，后辈来看你了。当鞭炮放完，大家就陆陆续续进堂，跪拜祖先的牌位，作揖祈福，然后将手中的香插进香炉。家族的"还年福"到这里就算结束了。

但在这之后，每家每户还会去自行祭拜自己的亲人，此时一同祭拜的基本都是很亲密的家人了，所祭拜的也都是最多不超过四代的先人。这是一个比较漫长的过程。在乡下，很多亲人下葬时，公墓还并未普及，因而多数葬在自己田地边的山坡上。几乎没有一条正经的道路，都是来上坟的人踩出来的罢了，正应了鲁迅先生那句话——"地上本没有路，走的人多了，也便成了路"。在艰难地走到墓碑前之后，就会摆上供品，点上香，燃放一串比在祠堂时小得多的鞭炮，然后作揖祈福。至于是否烧纸，那就取决于周围的杂草生长得怎么样了。毕竟曾经真的发生过烧纸把杂草给点燃差点儿酿成火灾的事情。

然后就是赶赴下一个墓碑前，再重复一遍之前的流程。说实在的，虽然这时拜祭的亲人已经比祠堂里供奉的祖先要离我近了很多，但也很少有与我产生过交集的，因而也就很难令我感到悲伤。但在上坟时，父辈们总是在无意间感慨的往事以及家族里那纷繁复杂的人际关系，却成为我为数不多的想象过往生活时所依凭的素材。而且，虽然并没有很悲伤，但是当你在祭拜时双眼凝视着那块冷冰冰的石碑，想到这石碑上所记载的，以及这石碑下所埋葬的人与你在血缘上有着千丝万缕的关系时，这种奇妙的感觉总是会让人感叹生命的伟大。

整个"还年福"的仪式会在下午一两点钟结束，然后就是驱车赶回城里，匆匆吃过午饭后，便期待着晚上的年夜饭与跨年。在整个过程中，我产生了两个问题，第一个问题是为什么会有祠堂的存在。众所周知，在如今飞速发展的中国，祠堂这一代表着古老习俗的建筑，基本上在很多地方都已经不见了。至今还存在的主要以福建以及广东的潮汕地区为主，在中原地区也有部分的存在。从历史上来讲，以山东河南为首的中原地区，自古乡土气息最重，而广东福建地区则很大一部分受到了客家人的影响，客家人从关中等地不远千里迁徙过来，自身保留着很多的传统文化，且与当地的文化融合不多，这一点从围屋以及客家话可能最接近古汉语可以看出。

然而江西作为一个南方省份，自古并非中原地区，也没有大量的客家人迁徙，为何至今还依然保留着这一传统的建筑并且依然在使用它呢？这就不得不提到儒家文化以及代表它的士大夫阶层了。我们可以说，中国的很多传统文化以及精神都来自儒家的文化思想，而自从汉武帝罢黜百家、独尊儒术后，学习儒家思想也就成为士大夫阶层的唯一出路。因而我们可以粗略地下一个结论，那就是受儒家思想文化影响越深的地区，其对于传统习俗和文化的保留可能也会越多。这样也就解释了为何江西依然保留着许多的传统习俗。

虽然儒家文化出自齐鲁大地，并且长期在中原地区流传，但是宋朝时的程朱理学不仅将儒家思想改革创新，也使它进一步深入了江西。而儒家学派的深入也直接导致了江西士大夫阶层的蓬勃发展。宋朝时有"翰林多吉水，朝士半江西"的说法。这也导致了江西虽然属于江南地区，但是并没有像江浙沪地区一样始终走在时代的前沿，而是保留许多传统的文化和习俗。

第二个问题是对于时间选择的疑惑，为何要选在大年三十这个似乎应该阖家欢乐的日子，花一上午的时间去干这么严肃的一件事情呢？这似乎与整个春节的主基调有些冲突。通过自己的思考，我得出两点原因。

一是春节既然是一个与亲人团圆的日子，那么那些我们无法团圆的亲人，也应该去看看他们，虽说逝者已逝，但正因为我们已经放下，所以才能用一颗平常心去看看他们，和他们讲讲这一年发生的事情，无论如何，这都是一种纪念。

二是与这个习俗本身的名字有关。"还年福"，还的是谁的年福呢？那就要提到我们中国人的一种特殊的信仰。中国人自古以来就会祭祖，祭祖与祭天是同样重要的事情。这与西方的观念不同，西方人相信逝去的亲人升入天堂之后就是天堂的普通一员了，他顶多会注视着你，但他没有能力去帮助你。但是我们中国人愿意去相信，相信先人在天上依然有能力，甚至比活着的时候更有能力，用超自然的手段保佑着他的后代。中华文明是农业文明，用费孝通先生的话讲，我们是乡土社会。

我们讲究不变，讲究传承。在《礼治秩序》这一章中，费孝通先生说："我们说'灵验'，就是说含有一种不可知的魔力在后面。依照着做就有福，不依照了就会有毛病。于是人们对于传统有了敬畏之感了。"

正是这种中华文明最本质的特质，这种刻在骨子里的文化，才有了"还年福"这个习俗。所以还的就是先祖，逝去的亲人们，在过去的一年里所保佑的福气。并且祈祷在新的一年里先人们依旧会继续保佑活着的人幸福下去。于是这项习俗一定要在大年三十的一早，在旧的一年的最后一天，去完成。

通过调查研究，我发现在如今这个飞速发展的时代，在广袤无垠的中华大地上，虽然现代化、城市化在不断推进，但乡土社会这一存在了上千年的社会形态依然广泛存在，并且我认为在未来的很长一段时间里，它也依然会继续存在下去。这一论断并非凭空而出，而是在回乡过程中所经历的点点滴滴与费孝通先生的《乡土中国》的描述互参互证后所得出来的结论。例如祖屋为何重修、祖地是不能丢失的，理由就印证了第一章《乡土本色》中费先生写的："靠种地谋生的人才明白泥土的可贵。城里人可以用土气来藐视乡下人，但是乡下，'土'才是他们的命根。"又例如祠堂的存在以及长辈们葬在自家田地旁的选择，就印证了《乡土本色》中所提到的："乡土社会在地方性的限制下成了生于斯、长于斯的社会。常态的生活是终老是乡。"

而对于乡土社会未来走向，我相信，或者说某种意义上讲，我希望它能够依旧在华夏大地上存在，它可能会越来越少，或者说有一些与时俱进的改变。但我不希望它就这么消失在时代的演变中。毕竟，你很难相信，没有了乡土社会的中国是否还是那个中国，没有了以农业文明为核心的中华文明，是否还是那个中华文明。我们并不否认中华文化存在着很多糟粕，我们不应该丧失对于一个延续了几千年的文明传下来的所有东西的信心。有些关乎我们的物质生活的事情变了，就变了，有些涉及我们的精神内核的事情变了，就彻底不一样了。

指导教师：韩　露

流石: 用文学渐染灵魂，
用文字书写人生

# 引　言

　　本章节收录的文章，均出自北京四中校刊《流石》。《流石》（季刊），自2007年夏至日创刊号问世至今已出版发行56期。该刊物由学生自主编辑，每期15万—20万字。为秉承中国优秀传统文化，刊物每逢春分、夏至、秋分、冬至日定期发行，向校内师生及校外读者免费赠阅。

　　刊物的创设初衷是服务于语文教学活动，是语文教学的课外延伸。学生对语文的热情、对文学的兴趣，都应该在这项活动中得到发展。而学生的阅读甄别能力、写作能力也应该在这里得到体现。因此《流石》的编创理念是体现着北京四中语文组的教学理念与精神追求。它的背后是整个四中语文组的指导与支持。我们认为作为一本校园文学刊物，《流石》应该具备并坚守文学的纯粹性。尤其是在这样一个数码时代、影像时代，一本排印的纸质刊物更能承载文字的芳香和高贵、古朴与深刻。在我们看来，写作是一件平常事儿：日常生活中的所见所闻、所思所感皆可成文。我们鼓励学生"心事心志"，"且行且思"；我们欣赏学生"激扬赏鉴"，"指点江山"；我们赞赏学生"故事新编"，谱写"古风新韵"；我们期待学生深潜"语文课堂"，走出"六边校园"。然而，写作又是一件艰难而非常的事儿。它不只是遣词造句，布局谋篇，更不只有风花雪月，自说自话。写作的前提是观察与思考，而写作的对象则是社会与人生。因此，我们不仅要鼓励和保护学生的热情与兴趣，更要引导他们从校园走向天地，用文字书写人生。

本章所选文章有支教前的思考，有生活的日常，也有旅途中的见闻。学生们直面真实，直面生活，诉真情，写真话。或许其中的文字不免稚嫩，认识不算深刻，但我们可以通过他们的文字看到山河大地，体味人间百态，读出他们真诚书写、努力生长的样子，这便是我们最大的欣慰。因为"文有文样子，人有人样子"，"文如其人"。用文学的特性，渐染心灵，塑造灵魂，这既是《流石》作为一本刊物的追求与坚守，也是北京四中语文组的守望与追求。

# 大院儿的味道

◎李　滕

　　对每个人来说，书写故乡都应该是最难的一件事了——从初生世上，用最纯净的镜头打量世界，到咿呀学语，磕磕绊绊地行走在成长的道路上，都是无论如何也绕不开故乡这两个字的。故乡的一山一水、一草一木，不经意间就成了人们记忆里某些珍贵的角落，它的浸润又往往伴随着人们的谈吐、体态、思维、视角……每个人关于自己故乡想说的都太多太多，不知说些什么，又不知从何说起，我也是这样。

　　不过我又是较为特殊的，我的故乡并不能看作是一座城市，它因其特殊的功用而与周围的城市街区隔开，院墙里外仿佛是两个世界。为了更好地书写"故乡"，我决定实地走访，回去看一看这个生我养我的地方。

　　我的目的地是北京西三环的一处机关大院。姥爷是一名海军军官，因此我在幼儿园到小学近十年的时间居住、生活在这里。伴随淅淅沥沥的春雨回到儿时成长的地方，仿佛穿越回梦幻般的童年。说实话，大院儿本身并没有太多的变化，门边站岗的警卫叔叔仍穿着整洁笔挺的军装，默默注视着来来往往的人群；高大的槐树仍无声伫立在柏油路两侧，为奔跑着捉迷藏的孩子们提供完美的庇护所；我的母校仍旧显得古色古香，仿佛严肃而慈祥的母亲期盼着久未归家的游子。

旧时景物没怎么变，但来来往往的陌生面孔让我颇有些物是人非的慨叹。大院的正门没有我想象得那么高大了，警卫叔叔看我的眼神也从怜爱变作威严，旧时一起玩耍的伙伴们大都已经搬出这里，我也从槐树间奔跑的无忧无虑的孩子变成了略显羞涩地看着孩子奔跑的青年。其实，大院儿没变，但大院儿里的人，已经随着时间的无情流逝，换了一代又一代。

带着"人面不知何处去"的感慨，我尝试着去品味来自这里的家乡味道。可能对于一个从小成长在大院的孩子来说，无可奈何的别离是所有味道的底色。伴随着京城人口的急剧增加，用地规模越来越大，20世纪修建的、如今已坐落在市中心的部队大院儿显得格外拥挤。因此，大院儿居民的换代是很频繁的，退役了、转业了、转区了，甚至是孩子上学了，都有可能成为搬出大院的理由。这也就造成了儿时玩伴陆续搬出，别离成为常态的事实。这是大院儿设立后与生俱来的特点，是大院儿文化的特色，也是故乡味道的底色。

撇去"久别故乡初相逢"的无所适从带来的感伤，回忆起在大院儿生活的岁月，我的第一反应就是快乐。这种快乐不是什么做出惊天动地的丰功伟绩所带来的，而是每一个孩子最原始、最本初的情感。和邻居家的几个孩子"结拜兄弟"，按年龄排出一二三四五，在大院儿里的老墙老瓦上，飞檐走壁，自由穿梭，如水浒好汉，如五虎英雄，好不快活！20世纪八九十年代时最先进的建筑风格在时间的冲刷下变得斑驳而沧桑，其中一些无人问津的边角位置也就成了我们的"梁山"，成了小伙伴们的天堂。在车水马龙的北京市，大院儿独特的建筑和特殊地位给这群孩子们提供了绝佳的庇护所与童真乐园，让快乐成了我对家乡印象里最重要的一种味道。

史铁生先生在《我与地坛》一书提出了一个对我影响深远的观点，他指出了世间一切苦与乐的相对性，即没有痛苦的人是感觉不到快乐的。对大院儿的回忆亦可以套用在它上面，大院儿在孩童时代看起来的庄严肃穆的氛围使得我们的快乐显得更加珍贵。这也是我品到的故乡味道的另一重——敬畏。

或许是来自于部队士兵们在院子里永远整齐划一的步伐和挺直的腰板，也或许是来自于大院儿在海军系统中较高的地位与时常出入的领导军官们，我们对大院儿有着与生俱来的敬畏感。怕着大院儿，怕着大院儿里的军官，但真正走出大院儿，你会发现，这种敬畏感也对身份的认同感产生了巨大的影响。在课堂上，在看书时，或是在公共场合不经意的一瞬，只要有人提到解放军，提到海军，提到守卫国土的战士们，一种亲切感和自豪感会在我们的心中油然而生——我们是海军的后代，我们在海军大院儿里长大！敬畏感夹杂着自豪感，成为故乡味道又一重要的组成部分。

不知不觉地，雨已霁，天已晴，我已在大院儿里信步良久。极目远眺，我企图记住这里的一砖一瓦、一草一木，记住这里童真的笑声与叫喊声，记住这里崇拜而敬仰过的眼神，记住离别时的泪水与拥抱，记住，我故乡的味道。

有人说，到不了的叫远方，回不去的叫故乡。我并不同意这个观点，或许我真的很难再回到那个生我养我的一方土地，但这片土地上生活过的人、发生过的事，都会像烙印般刻骨铭心，无时无刻不影响着我，也成就着我。正如大院儿，像母亲，像阳光，让我敬畏而自豪，给予我快乐，教会我别离……

这就是我的故乡，倾尽一生想逃离的地方，倾尽一生想回到的地方。

指导教师：王楚达

# 夏 日 繁 华

## ——成都游记

◎ 张释之


多么幸运，我走在路上，我的脚实实在在地踏在土地上；我的眼还是亮的，我的心还是烫的，我行走，并愿一直行走，不辜负年少的勇往。

多么幸运，对所有的问题，我的伙伴们给出了肯定的答案。

## 8 月 7 日

今天下午的高铁赴成都。马老师赶着给朋友过生日，就此和我们分别，等第二天的飞机回北京。

在成都订了一家民宿。晚餐订了外卖，四个人围坐在不大的茶几边，吃得热火朝天。再晚些，关了灯摸黑看电影，再开瓶酒，惬意的滋味像果酒一样甜。

不大的地方，楼上楼下，我们挤在小小的卫生间里洗衣服，或者互诉衷肠大哭一场，真有些家一样的感觉。

## 8 月 8 日

宽窄巷子的风评是这样的：不去遗憾，去了后悔。人挤人，人挨人，确实影响心情；除非——你在店家开门之前抵达战场。我们8点多杀到宽窄巷子，不到10点，商铺慢慢开门的时候，我们收拾收拾就准备撤退了。

人迹寥寥，只有天空的画布上浮着云影，团团簇簇不知名的紫花绽放得耀眼。

然后来到文殊院。门前有奶奶持筐卖白兰，别在衣领处，芬芳了一整天的好心情。

文殊院又名空林堂，位列四大禅林之首。前殿有善男信女络绎不绝来供奉香火，烟雾缭绕；绕过后院来，红墙绿树，草木葱茏，其中有一片石林，午前的阳光透过叶影披在立石上，显得瘦削峭拔，似有风骨。

出门来，我们尝了有名的严太婆锅盔和张老二凉粉，锅盔、凉粉、甜水面，幸福感爆棚。一看时间还早，就找了家茶馆，喝喝茶聊聊天，好不惬意！

到金沙遗址已经是下午，一路暴晒，钻进有空调的博物馆里实在是种享受。从考古挖掘的现场，到陈列文物的展厅，一路看下来，还是对太阳神鸟和黄金面具印象最深。太阳旋转地燃烧着，四只神鸟双翼修长，头尾圆润可爱，围绕着太阳，似腾飞，似长鸣。

金面具本用于祭祀场合，考古学家们猜测用于显示其崇高的地位，更是为了让神灵欢娱，以此得到神灵的庇护，分明是严肃的用途，我却总觉得它很可爱，带着人类审美逐渐蓬勃时的朝气、浪漫、朴拙，和天马行空的自在想象。

## 8 月 9 日

从杜甫草堂，到武侯祠，再到四川美术馆、成都博物馆，这一天的行程太像人文游学了。最大的庆幸莫过于再也不用装模作样地写游学日志，也不用听冗长乏味的讲座了；最大的遗憾莫过于再也不能真情实感地写游学日志，也再不能听妙趣横生的讲座了。

杜甫草堂经过历代的修葺，层林掩映，环境清幽。贾小杯评价得到位：任凭杜诗中的草堂再破败，进来走一圈，我也想住在这儿。的确，这不是那个破旧不堪的茅屋，但所有的匾额楹联，所有的新修旧补，原原本本地向我们展示了千百年来人们对这位伟大诗人的敬重，对我们民族精神的珍视。

来到武侯祠已是上午，游人变得多了起来。正赶上武侯祠修缮，只得透过层层绿布，抻着脖子向里望。绕到正殿的背后，看到几个石碑，又犯了老毛病，非得上去辨认一番。高中人文生活，看似随意而平淡，但某些早已溶于血液的习惯和情绪，无法改变。

在北京四中的三年，四次人文游学，在我们身上留下了一种"肌肉记忆"：看到祠堂，想着，该进去拜一拜呀；看到匾额楹联，就想，该念一念、记一记呀。

在杜甫草堂和武侯祠，总有那么几个地方，让我站在一旁，毫不费力地就想到，男生们会在这里念熬夜写成的祭文，李家声老师，又有谁会勤勤恳恳地记下对联；又有谁会认认真真地听讲解、记笔记；又有谁会落在队伍的最后，拿着相机拍个不停；又有谁从来都不愿跟着队伍，更情愿独自品味每一个地方。

初次见面时，狐狸对小王子说："对我来说，你还只是一个小男孩儿，就像其他千万个小男孩儿一样。我不需要你。你也同样用不着我。对你来说，我也不过是一只狐狸，和其他千万只狐狸一样。但是，如果你驯服了我，我们就互相不可缺少了。对我来说，你就是世界上唯一的了；我对你来说，也是世界上唯一的了。"

终于，我和这个班、这四次游学、这三年的回忆，相互"驯服"了。从此，我的生活就一定会是欢快的。"我会辨认出一种与众不同的脚步声。其他的脚步声会使我躲到地下去，而你的脚步声就会像音乐一样让我从洞里走出来。"

饕林餐厅的午饭不得不着重夸奖一下。非遗白肉真的太美味了。干净透亮的白肉卷着黄瓜片，在香气四溢的酱汁里一裹，酱香、甜香、绵香、辣香，以白肉和黄瓜为底色，充盈了口腔，味蕾满足到了天上去。

## 8 月 10 日

写文章要有个抑扬顿挫、轻重缓急，行路也是如此。

前两天行程排得满满的，今天只去了大熊猫基地。天气预报说有雨；抬眼看天，是风雨欲来的颜色。结果这雨到了也没下成，阴云密布的天气倒是闷得不行。

千言万语汇成一句话：熊猫宝宝真可爱！

## 8 月 11 日

该回北京了啊。

昨天没下成的雨今天像是要下个痛快。我们的航班一拖再拖，从正午拖到 2 点再拖到 4 点。在北京的家长们本来准备接机，一看航班推迟了，还挺着急。我们在双流国际机场等着反倒怪美。有生以来第一次在机场看了场电影，看的是小罗伯特·唐尼的新片子，竟然还四个人包场，散场后去吃饱喝足，再买杯星巴克，找个充电桩，四个人往那里一窝，巴适！

雨水顺着机场的玻璃外墙滑下，成了一幕雨帘。真是少年不识愁滋味，巴蜀的潇潇雨愁断了多少行人肠，我们却只顾胡乱走来走去，插科打诨，哈哈大笑。话说回来，我偏爱这种不知愁的滋味。

千盼万盼终于登机了；临近傍晚，飞机才终于起飞。从成都飞回北京的机票足足要 900 块，比北京—重庆的机票贵了一倍，一直让我意难平。现在想来，那昂贵的价格是在要我们珍惜旅途最后的时光吧，即使它平平无奇。

毕业旅行的意义何在？

吃喝玩乐，走走停停，当然，远不止于此。

阿信说过很多次，我们几个在一起，就像家人一样；他说，不论是走多远、去哪里，还是走过多少、见过多少、品尝过多少，都没有和谁走重要。不论作为旧时光的结尾，还是新征程的开始，我们都已经原原本本地、完完整整地，给了这次旅行一个交代。相比于一场轰轰烈烈的、说走就走的旅行，我更情愿把它称作一种长计远虑的仪式。

还是《小王子》里的那只狐狸，他希望小王子每天都在同一个时间来看他，说："你下午四点钟来，那么从三点钟起，我就开始感到幸福。时间越临近，我就越感到幸福。"

3年的眼泪、欢笑、迷茫与坚定，终于酿成一段过往。从此这一场青春、一段友谊，让它成为心海中永远铭记的"仪式"，任时光飞逝，从未远离。

从机场回家，长安街上灯火通明。我又想起毕业时的那首《大路之歌》：

"走呀！大路在我们面前！路是安全的——我试过了——我的脚实实在在地试过了——不要拖延！

"把空白的纸留在桌子上，把没有打开的书留在书架上！把工具留在车间里！把钱留给鬼去挣！让那些说教中止吧！别理会学校里老先生的叫嚷！让牧师在讲坛布道！让律师在法庭辩论，让法官去解释法律。

"伙伴啊，我把我的手给你！我把比金钱更珍贵的我的爱给你，我先于说教和法律把我自己给你；你会把你自己给我吗？你会来和我同行吗？我们会彼此忠诚至生命的尽头吗？"

> 你永远也不会了解一座城市，
> 除非你在那城市的街巷里，
> 用双脚行走，
> 用头脑思考

指导教师：王楚达

# 云深不知处

◎陈嘉玉

　　游学行程都到第六天了，这还是我第一次真正发自内心地想动笔写点儿什么。——原谅我的肤浅，在旅行中我一向最喜欢的还是自然景观。早上起来，因为前一天有点儿睡眠不足的缘故，在车上还昏昏沉沉地睡了很久，睁开眼的时候窗外已经是一片碧绿，想必是快到了。团状的雾气、葱茏的竹丛、平静的水面，还有漂着的一只木舟。好吧，我并不擅长写景。我狂拍旁边的李一线让她看，结果她转过头来的时候已经过去了。太可惜了，入川这么多天，现在想想，还是这一幕最让我觉得动人。

　　到忘忧谷下车。外面正下着不大不小的雨，没穿雨衣没打伞，"同行皆狼狈，余独不觉"，所谓"竹杖芒鞋轻胜马，谁怕？一蓑烟雨任平生"，还觉得颇有点儿这样的意味。专门躲到队伍后边等所有人都走完了，就剩自己落在最后，竹林清幽的妙处方才显现出来。

　　我长久以来都认为，一个地方倘若没有水，那就必定没有灵性。在这里也是如此，茂林修竹还是得有清流激湍映带左右才好。这地方叫忘忧谷果然不错，听着瀑布和清溪在石头上激起水花的声音就足以令人舒心。水的意象就好在它给人的体验是很多方面的，你不仅能看见它，还能听到它，感受到它的触感。山谷尽头九天瀑布扬起的水雾差不多把外套和头发溅得半湿，清凉中我还觉得透着点儿沁人心脾的平静。

后来从忘忧谷出来，又坐缆车上山。雨还是这样下，我甚至觉得这一天好像就应该这样下雨，要是没有这点儿绵绵细雨则趣味全无。山林中笼起层层烟，我们乘着缆车掉入一片白茫茫里，又眼看着远处的低饱和度的红蓝色缆车一点点被浓雾吞没。下面是竹林的苍翠，几乎要把雾气也染成碧绿。我们在上面俯视竹子的形状，从竹子开花聊到从缆车上掉下去会怎么样，不知道时间过了多久，雨依旧若无其事地一滴一滴从窗畔滑落。索道起起伏伏时上时下，缆车的终点云深不知处。

蜀南竹海确乎是很美的，而且美得干净又温柔。不论我是坐在缆车上，还是走在山林里面，即便四川盆地这里总是天色阴郁，但这天心情的舒畅是实实在在的——不得不说，是很长一段时间以来我难得觉得最为心旷神怡的时刻。哪怕只有这么一天，我都以为这次来四川的旅行是十分值得的。直到我晚上回到酒店，把相机里这一天的照片全部都导出来看，一张又一张，不知道为什么总觉得白天的记忆变形了。水流溪花统统在相机里褪色了，都全然不是那么回事了。我才发现这景色远不如我印象里那样好看，忽然就大失所望。本来以为会出很多满意的片子，最后发现一切也无非是最平凡意义上的"还行"

而已——不过如此。的的确确，蜀南竹海并没有什么奇观，绝不算那种多么难得一见的美景。只不过对我而言，压根儿用不着什么多震撼人心的景色，有这么一个地方，在这里想什么做什么，都没有正确错误之分（准确地说，是没有别人会认为你正确或错误，我也不会感受到这种无形的压力），可以暂时作为庇护所，简直就好极了，正是我想要的。想到《放鹤亭记》，所谓"南面之君未可与易"的快乐，表达的差不多就是这层意思。这带给我的慰藉，其实早已远远超过风景本身。

我逐渐想明白一点，自己之所以喜欢自然风光，归根结底还是对现实生活的逃避。先不说平时跟各种人、各种事情打交道的情形，即便出来旅行，祭拜祠堂，所谓文化现场之类，我总还觉得自己要背负着什么；唯独在这里，我不需要是谁，不需要是任何人。毫无疑问，这是我的无能或者懦弱，我当然承认，但是没办法。因为活在这个世界上，不被别人或者某种被裹挟其中的共同观念绑架的时刻实在是太少了。人们进化几万几千年，发现想要生存下去，就不得不相互依靠。所以享受社会这种集体形态的诸多好处的时候就也不免得承受些许代价。我没有任何反社会的意思，它是一定要存在的，要不然人们就会像亚当·斯密说的那样，各自为战。为了维持这个架构与形态，人们相互之间建立起各种各样的伦理关系，分享一些共同的记忆和想象。我们是靠这些活着的，文明、文化是它们共同的名字。然而在自然面前，我感受到的类似一种接近原始的赤裸。英文里"nature"这个词既指自然，同时又指天性，放在这里，真是一个巧妙的双关。

于浓雾中，于竹丛里，于瀑布下，除去了人的社会性，人本真的天性得以解放和发挥，得以被珍视和歌颂。

于是又要回到一个已经是陈词滥调的话题上去，我们自己到底是谁。高一第一学期开学的时候应试写过一篇"真我"，当时好像写了一堆似是而非的废话，还"不幸"被登了范文。上次在张掖的火车上看星星，当时我写了一句什么，意思大概是绕开世界，抛开生活的种种琐碎，我们总还有办法直接和宇宙对望。之前看过本通俗小说，里面有句话，讲的大抵是我们终其一生，就是在摆脱他人的期待，成为真正的自己。这一类话，看似很有道理，实际则根本禁不起推敲，说到底，它还是回避了这个话题。因为真正的问题是，当绕开世界与社会，抛开生活的种种之后呢？忘记，或者说超越了社会赋予我们的身份与角色，脱离外在的存在形式，我们还将如何区分彼此，而我们各自在精神上又还能剩下什么呢？

这个问题太难回答了。小说集《阿莱夫》里面有一篇《永生》，博尔赫斯写道："我曾是荷马；不久之后，我将像尤利西斯一样，谁也不是；不久之后，我将是众生。"这样一来，好像把脱离了社会性质的自我指向了虚无，大家都一样，没有人特殊。事实大概确实如此，但这样未免太绝望了。甩下这样一个结论，冷笑几声，并不能说明我们想通了。它什么也说明不了。

不过，话说回来，在蜀南的竹林里我依然不知道自己是谁。脱离了自己的社会属性，身处篁竹当中的时候，忽而就觉得自己好像掉入了一片自由的彷徨，什么也抓不住，但与此同时有人不被什么所束缚。山幽鸟鸣，水流潺潺，在西南的一隅，在这个远离烟火的地方，我很安静地走了一段路，什么也没拍，什么也没说。我却突然异常清晰地感受到自己的存在。

指导教师：尹　强

# 放羊孩子的突围

## ——一位敦煌导游的故事

◎口述：张小东

## 写在前面

2020 届人文班游学的最后一站是西北。在敦煌的沙漠里，我们遇见了张小东导游——一个朴实而有趣的敦煌本地人。车程枯燥漫长，他便把自己的故事讲给我们听。这些故事伴着我们走了一路，它们其实只是来自一个和你我一样的普通人，却深深地触动了大巴上的所有人。

后来我又与张导游进行了一次交谈。在用文字记录他的故事时，我渐渐放弃了第三人称的转述，而选择如实整理、记录下他的话，让他自己把故事讲出来。

他要讲的，是一个真实的关于突破生命的限制，充满了善意的故事。

## "骑着骆驼"去上学的孩子

我觉得如果我把我的故事讲出来，你肯定会笑，我小时候是个在农村里放羊的。

我父亲是搞水利工程的。我们敦煌当时在修一个水利设施，我父母没法照顾我，就把我送到我祖母家。我祖母家在农村，她那里孩子比较多，根本没有时间照顾我。那时候我也比较天真，什么也不懂，就没怎么好好上学。

那时我上一、二年级，还在农村，没有转到城里来上学。暑假里我去放羊，赶着一群羊停在马路边上。这时候，远处突然驶来一辆旅游大巴，那是1987年。大巴停下了，上面下来好多外国人，还有一个中国人带着他们。

那个中国人穿着特别整齐的衣服，还能跟那些外国客人讲一口流利的英文。那时候我当然听不懂他在讲什么，大概是讲这里的地貌啊什么的。过了一会儿，他朝我走过来，特别友好地问我能不能让游客和我的羊拍一张照片。我放的那些羊很可爱：有山羊、绵羊……外国人都想和小羊照相。我就说："可以啊，可以啊，没关系，都可以拍。"

拍完以后，外国人就拿几块巧克力给我吃。我一个劲儿地摇头说："我不要，我不要。"其实我很害怕，因为之前从没见过巧克力，只觉得黑乎乎的很可怕。那个中国导游看见之后，就跟我说："没事儿，那个是糖，是他给你的报酬，因为他跟你的羊拍照片了。"

一会儿他们该走了，这时他突然走过来，拍着我的肩膀说："你以后别放羊了。你好好去上学吧。"

你想象一下那个场景：我当时穿得肯定是……就是那么一个穷小孩儿，穿得破破烂烂的……有人跟我说这样一句话，我觉得……对我影响真是挺大的……（哽咽）

1994 年我到敦煌中学上学，我的母校特别大、特别漂亮。门口有几个大字：向上向善——敦煌中学。学校里还立了一座高大的孔子像。不过那是学校扩建之后了，以前学校比较小。敦煌 18 万人口，高三毕业却才 4 个班：才 100 多个孩子去参加高考，其他孩子都不上学，早就业去了。这 100 多人里如果能考上内地大学——兰州大学和西北师范大学，也真的是凤毛麟角——我们那一届只有两个同学考上了，都是学习特别特别卖力也特别特别优秀的那种。

像我们不太懂事、比较贪玩，加之没有人启发，就浪费了很多时间。我毕业了之后就和家里人说："我早早工作，去挣钱吧。"

但是后来突然出现了一个很好的机会：学校有几个公费读大学的名额。大家都说，天上掉馅儿饼了。

而这个馅儿饼正好砸在我头上，我都无法形容自己当时是有多么激动。

暑假之后我就高高兴兴地去了，没想到落差太大。我大学学的是英语专业，然而我的高中老师教的英语呀，你和你的同学们可能都想象不出来，那是带着敦煌口音的英语。所以我一到大学真的是什么也不会，上课跟听天书一样，然而还有考试的压力，太痛苦了。

那种痛苦我到现在都不太想回忆，我当时一直在想我该怎么样回来；可回来的话，我要啥都没学，又该怎么面对父母？我发现自己真的已经没有退路了，我已经被推到风口，然而没有人来引导我、帮助我，我一个人真的不知道该怎么办，那种时候孩子的心理完全有可能是畸形的，我甚至想到过自杀。

我就给爸爸写信，我把自己写得特别特别可怜。我一边写一边哭，一心想着父亲读到信的时候，会同情他可怜的儿子。然而父亲回信特别严肃，甚至有点儿恐吓的意味。大意就是：你不要回来，我们这一家人砸锅卖铁，挨家挨户借钱供你上学（公费生是要交保证金的，不能中途退学），你一回来，我们这一年的日子就过不下去了。

我处在这样的困境里，我的一位老乡同学就诱导我："你就混日子吧，混了之后你也能拿到文凭，回去照样拿工资，谁管你？"

我没有听他的。现在看来，当时如果没有一个正确的引导，是个挺可怕的事情，那些所谓的正确的人生观其实很重要。

后来我的老师找到我，说我成绩不行，可能会退学，我一下就慌了。老师问我是怎么过来的，那个年代从我们家到我的大学其实要经过很曲折的一段路程：先"坐"大巴，后来要"坐"火车——其实一路都是站着过来的。然而因为上大学很激动，所以也没觉得这个过程多苦多累。

而我当时被逼急了，就跟老师说："老师，我是骑骆驼过来的。"

我撒了个谎，但其实那是一个没有一点儿恶意的谎言。我真的不想被退学，所以我就想用这种方式来博得老师的同情。老师其实没来过大西北，他也不知道大西北到底啥样，人家当

时就觉得：你这个孩子太可怜了，别的孩子都来自扬州、苏州、上海这些大城市，这孩子呢？还得骑骆驼过来。（笑）

这之后老师就开始了解我的学习状况，同学们也一起帮我渡过学习上的难关。我现在想起我的老师和同学们，还是会觉得：人与人之间的那种纯洁的友谊和交流对我真的很重要。在此之前我却总隐瞒着我的困难，因为孩子封闭自我的意识太强了。同学帮助我之后，我一下就感受到了那种善良，它催着我一直向上走。从第二个月开始，我明显感觉到自己从内而外发生了巨大的变化。那之后的一整个春节，我甚至都没有出门，一直在学英文。那种走歪门邪道的负面思想已经全没有了。

今天你们四中的李老师做"知行合一"的讲座，我也在后面跟着听，觉得特别感动，特别是当他说到巴菲特的那句话：当天上掉馅儿饼的时候，要用水桶去接。我对这句话真的感触很深。

## 在月牙泉拎鞋的年轻人

我一直觉得我求学时碰到的那些人，比如那个让我去好好读书的中国导游，帮助我的老师和同学……他们都在我心里种下了一颗种子，一颗向上向善的种子。后来我也遇到很多绝望的时候，但那个种子好像一直还没有死，还一直想要往上长、长。

在做导游之前，我还在一个国营单位做过一段时间的老师：那是个打工子弟小学。

其实我不愿现在再讲这些事情，但那时的社会状况好像就是这样：那样一位领导，不像现在的领导一样希望激发你的潜力。他不，他就是要打压你，打压年轻人。

我学的是英语专业，但我当的却是体育老师。我当时很想给孩子们组织一个英语角，他却说："你不要组织这种乱七八糟的事情。"他觉得我不是在组织一个社团，我是在拉拢一些人——他是跟我完全不同的另外一个想法。

当时真的很绝望，因为我大学三年学的东西在这里都用不上：就这样在单位里一天天慢慢熬着。

后来我们学校发生了一次沙尘暴：是在我来的第三个月的时候。我们学校旁边有个农场，我们这里是灌溉农业，农场旁边就有个水渠。我们小学放学，孩子刚出校门不久，就开始刮沙尘暴。那次我们校内死了十几个孩子，全掉到水渠里面去了。因为啥都看不到，孩子们走到哪也不知道，就都掉进去了。

这个事情对我冲击特别大，对这些孩子，我帮不了他们什么，根本帮不了。我自己的专业也用不到，我觉得太煎熬了。

后来我毅然决然地从那里辞职了，家里人和别的人都觉得：铁饭碗你辞职，简直是荒唐！但是我到现在也没有觉得后悔。

后来我遇到了另外一个机会：我有个亲戚在博物馆工作，他安排我暑假到博物馆去做旅游商品销售。有一天来了一个美国旅游团，我会说英语，就跟外国人交流得很好。带着这个美国旅游团的人，也就是我现在的领导，发现了我。他觉得我非常有潜质做导游。我和他聊了聊，觉得这个行业真是特别适合我，我就这么入行了。

入行没多久，我接待了一对外国老夫妇，都六十多岁了。在月牙泉的时候，老两口儿玩儿得很高兴，但是因为是大沙漠嘛，所以人家不知道脚上的皮鞋该怎么办——那鞋大概还挺贵的，在沙子里面跑来跑去再给弄坏了就不好了。我说："没事儿！我帮你们提着。"

那天我就背着个小书包，提着他俩的两双鞋跟在他们后面跑了一路。（笑）

当然那时候有人说：你一个导游怎么能给别人提鞋？还有人觉得：你给他们提鞋，你是不是有什么企图？像多拿人家一点儿钱这样的。

我刚刚接触这个行业，经常遇到这样的问题。但是那个时候我是有点儿阿 Q 精神的：别人怎么说我，我都觉得无所谓。反正嘴在你身上长着，你怎么评价，我也没办法。

在月牙泉给两个外国人提鞋，其实我并没有觉得怎样丢人。当时人家确实没有地方放鞋子，客人担心万一鞋丢了，光着脚怎么回酒店。我想了想也没什么好办法，就说："那这样，我没关系，我反正年轻嘛，我就拎着鞋，你们进去吧。"

我根本没有杂念，就是那种真诚、善良的心思。我觉得他们是跟我爷爷奶奶一样的年龄，需要我的帮助。另一个原因是：我在敦煌——我的家乡，去做导游，我一直有一种"主人招待客人"的心态。我经常跟人说："这是我的家，敦煌就是我们家的会客厅，而我们敦煌人作为主人要接待好每一位游客，因为我好希望能通过自己的行为在别人心里为敦煌留下一个特别好的印象。这是我做导游这么多年一直有的一个愿望。"

那对外国夫妇后来给我写了一封感谢信，那封信其实很简单，用英文写的。老外都很热情，一上来就写道："亲爱的Larry："——Larry就是我。

"这是我们第三次来到中国敦煌，去了莫高窟和月牙泉两个地方，我们特别享受这次在敦煌的旅行。"

他们说："特别感谢你友好的服务，你是我们碰到的最棒的一个导游。"

其实当时我还没考到导游证，才刚做实习导游。而就因为他们信中所写的那个"the best tour guide"，我觉得我应该向这个方向去努力，成为一名真正的导游。

10月份开始敦煌就没有游客了，之后我就用这个休息时间开始学习，报了一个班去修中国旅游学、中国旅游导游基础知识和法律法规等六门课程。我一直在复习，最后考试很顺利，2月份我就正式上岗了。

现在我已经在敦煌做了二十年的导游，我一直记得我最初的那种心态：在敦煌，我作为接待客人的主人，应该有替别人着想的善良。

我后来带过一个旅游团，其中的一个游客给我们领导写了一首诗，末尾写的是：因为一座城认识一个人，因为一个人爱上一座城。

我们领导就问他（她）："那这个人是谁?"那位游客说："就是带我们的那位张导游。"我们领导和我特别感动。我觉得不仅是我在真诚地接待他们，游客也在对我表达他（她）发自内心的那种真诚，真情换真情。反过来，你对客人是虚情假意的，人家对你，对你的家乡，可能就都没有什么好印象了。

## 北上广很好，但我的家在沙漠里面

北上广真的很好，但是那里不是我的家，我的家在敦煌，我的家在沙漠里面。

如今敦煌真的可以说（是）中国文化的担当，但其实我们的一些硬件还是比较落后一些，比如说我们的医疗卫生，我们这里医疗条件确实比较差，为什么呢？因为我们这里没有好的医生。有好的医生，也都到外面去工作。北上广的医院竞争激烈，那他宁可去做和自己职业不相干的事，他都不愿意回到这个西部小城，成为一个知名的医生。

医生也真的只是咱们这个地方人才平衡的问题之一，这个地方文化已经发展得很好，但总体情况上人才还是在不断流失：有的敦煌人不愿留在沙漠里。

而在这个问题上，我觉得樊老师（樊锦诗先生）是一个给我影响很大的人，她是刚刚卸任的敦煌研究院院长。她当年是北大历史系的一个女孩儿，大四实习的时候到了敦煌——是被派到这儿来实习的。六七十年代的时候，她长途跋涉到敦煌，到这儿一看：天哪，敦煌穷得啥都没有。也没有马路，到处都是尘土。要想进一次城，需要徒步20公里。

但他们就扎根在这里，开始搞临摹和一些历史研究。仅仅一个月的时间，她就爱上了这个地方，她的毕业论文写的就是敦煌的这些东西。我觉得真的是……樊老师在给我们讲课的时候，我一直在流泪。我觉得她一个上海女孩儿，从北大毕业，她却要来敦煌，要来支援大西北。当时别人都很诧异：北大的一个才子到那里去干吗？

她到了敦煌之后，就开始跟着第一任院长常书鸿先生、第二任院长段文杰先生，搞一些基础工作。她的先生彭老师（彭金章先生）被分派到武汉大学工作，而她却在敦煌工作。两人分居19年，只能靠书信联系。在这里最可怕的还是没有水，不能洗澡——真的是不能洗澡，衣服上面都长虱子了，怎么办呢？只能用水煮。但只有一口锅，那锅是做饭的，你知道吗？煮完那个衣服，那口锅还要再接着做饭。

樊老师把这些都忍受下来了，她说这都是因为她爱敦煌，爱这种文化。她讲的时候，完全是发自内心的那种感受。当时我觉得：她是一个上海人，竟然爱敦煌文化到这种程度。而我是一个土生土长的敦煌人，我怎么能不爱这个地方、扎根在这个地方呢？樊老师真的特别感染我。

后来，彭老师放弃了武汉大学那么优越的条件，也跟着他的夫人来到敦煌，开始搞北区的工作——今天你们路过的停车场旁边的那个洞窟就是北区。那个地方现在还没有开放，彭老师他们一直在修缮，修了20多年。

然而就在3年以前，彭老师突然生病离开了我们。其实他们是研究院，我们是旅游，大家根本就不相干，但是当时接到消息之后，我们所有的人全都在自发地缅怀彭老师。而且当天下午，所有的娱乐场所全部关门了，停业半天：大家都觉得就不要再吵了，让彭老师安静地离开吧。

我成为导游之后遇到的这些人、这些事，一直都在给我触动。我觉得我是一个敦煌人，生在这个地方，这么多的外乡人都在敦煌搞建设，有的人甚至付出了自己毕生的精力。我们能付出一点点的努力，我就觉得……真的是心里特别特别安慰。

我这个导游工作很简单，就是持续地在讲啊讲啊，我每天在做着重复的工作，但我知道只要我认真做、用心去做，就一定能做得更好。而且我特别想感染更多的人，让更多人真正了解敦煌、走进敦煌，走进西部：西部其实真的是很需要人才的。其实也只有西部发展起来了，我们中国才能保持一个大国的平衡：不能说东边发展特别快，西部还是那么落后。其实我们的领导人也很着急，为什么现在要搞"一带一路""西部大开发"这些项目？这都是为了保持我们国家整个的平衡状态。

我觉得星星之火可以燎原，我这个一点儿小火星就特别小，但如果每人都这么一点点大，一切就能更好。现在要是碰到有孩子的团队，我会特别刻意地去讲这些事情。我总会把我的故事和我们的校训（向上向善）讲给他们，因为我觉得孩子就是祖国的未来。昨天你们在嘉峪关唱歌，我发了个抖音，我说：北京四中的孩子们歌唱祖国，你们是祖国的希望，你们是祖国的未来。

你们这一代，是要把传统文化慢慢发扬光大，再传承下去的一代。我们国家曾经经历的文化上的那个断层，它正在你们上一代的手上愈合。而你们，你们会把它真正合起来。所以我一直在这样想：你们是幸运的，真的是幸运的。

## 采 访 后 记

第一次见到张导是在敦煌的一个饭店门口：晴朗的天空下，街道上的一切恍若刚刚改革开放时的北京。刚刚坐了一整夜火车的我们，和一位皮肤有些黝黑的敦煌本地人，隔着墨镜、面罩、丝巾与防晒霜组成的"可悲的厚障壁"互相瞪着，试图看清楚对方隐藏在后面的面孔。

从火车站到酒店还有一点儿距离，在大巴的晃动中，我们敦煌的地导开始了热情的自我介绍。敦煌耀眼的阳光从南侧的车窗照进来，我已经料定自己会在五分钟后沉沉睡去。

可这一次没有，这一次他讲起了自己的故事。全车的同学，包括李先生、楚达老师、大邱和两位随行的妈妈，都被他的讲述吸引了进去。即使有昏昏欲睡的人，也会被大家时不时爆发出来的笑声惊醒。张导和他的故事真的很有感染力。

吃晚饭的时候楚达老师跟我说："你去给张导游做个采访吧。"

后来等我回到北京，整理稿子的时候，那一个小时的录音我又听了很多次，他的每一次沉默、哽咽与发现自己被理解了的微笑，我都记得清清楚楚。我弄明白了张导和他的故事有如此大的感染力的原因：因为他真诚，因为他有最淳朴的善良和爱。

而更令我感动的，是他那种善良与爱的来源：那是整个社会的善意洪流所浇灌出来的一棵树。一个沙漠里放羊的孩子，可能在我们眼里，他的前途完全是灰暗的。游学的时候，我看到很多支教的同学在表达疑惑：我们种下了种子，可种子真的会发芽吗？这个问题真是理想主义的灭火器，导致我在茫茫大漠里写游学日志写到两眼发黑，还忍不住要去操着"支教到底有没有意义"这种心。但我觉得张导的故事恰恰是提供了一个积极的范本，他告诉我们：不是的，有限的资源和待完善的制度固然摆在那里，但是不要低估种子的力量，它没那么容易死，它会发芽的。

发芽的过程，就是那个放羊孩子突围的过程：三十年前的一位中国导游拍着他的肩膀劝他上学，二十年前大学老师与同学善意相助使他最终学有所成，外国夫妇一句真诚的"the best tour guide"的嘉奖让他坚定入行，"敦煌女儿"樊锦诗老师激发了他对家乡更深沉的爱……放羊的孩子就这样脱下了裹满沙粒的破烂衣裳，那棵树就这样冲破了贫穷的限制，并用自己的一点儿力量，去引导更多的人"向上、向善"——当张导在我面前说出"人要有植根于心底的自律，要有替别人着想的善良"这句话的时候，我甚至觉得它们与我们常挂在嘴边的"家国天下"相比，还更具有实践性。

而渴望去帮助乡村孩子的我们，也许一时半会儿还拆不开那些限制，但我们可以去做像那位中国导游、那位大学老师和那对外国夫妇一样的人。无论是现在还是长大以后，我们既可以努力去做那个拆掉限制的人，也尽可以去做善意的社会洪流中的一滴水，去做社会里的一个善意因子，努力地去浇灌。没有必要绝望：因为一滴水的力量，有时候真的很大很大。

张导对敦煌的热爱，是另一个触动我的地方。

我们在鸣沙山骑骆驼的时候，有过一段不太愉快的经历。上一期的《流石》里溪若写下了《牵驼人》这个故事。牵驼的中年妇女有着和骆驼一样的肤色和眼神，走到沙丘上，她提出要给我们照相，要收 20 元。我们婉拒，她便赖着不走，软硬兼施，最后干脆想通过把我们弄烦了来赚到这笔钱。我们终于还是没有同意，她便沉默地拉着我们往回走。本来愉快的旅途，我和身边的四个同学却全都陷入了尴尬又复杂的思绪之中。

下山后自由活动，我在去月牙泉的路上和清媛边走边聊，她们也碰到了这个问题，但妥协了。这样的行为似乎是一种景区生态：牵驼人拿着微薄的固定工资，渴望从游客身上捞一点儿油水——那可怜的 20 块钱。但 20 块钱会给游客的心里，为敦煌留下怎样的印象呢？他们并不想管——那不关他们的事。鸣沙山被骆驼踩出的路上零散地扔着几个塑料水瓶和玉米肠包装皮，没有一个牵驼人去捡——那也不关他们的事。

"去俄罗斯旅游的时候，在贝加尔湖，当地的一些居民都很自觉地保护生态，对景区环境格外上心。因为都是本地人，所以对这个地方也有很深的情感，就好像是自己家的一个孩子，不愿看到它被破坏，或在别人心里留下不好的印象。"

可我们又疑惑：牵驼人大部分也是本地人，为什么就做不到呢？

经济问题一定是一方面，话题谈到这儿我们俩开始绝望：没办法，问题又绕到社会与贫穷上来了。

但这会儿，在北京的深夜里，我的脑海里却回荡着张导跟我说的那些话：

"我后来带过一个旅游团，其中的一个游客给我们领导写了一首诗，末尾写的是：因为一座城认识一个人，因为一个人爱上一座城。我觉得不仅是我在真诚地接待他们，游客也在对我表达他（她）发自内心的那种真诚，真情换真情。反过来，你对客人是虚情假意的，人家对你，对你的家乡，可能就都没有什么好印象了。

"我在敦煌——我的家乡，去做导游，我一直有一种'主人招待客人'的心态。我经常跟人说：这是我的家，敦煌就是我们家的会客厅，而我们敦煌人作为主人要接待好每一位游客，因为我好希望能通过自己的行为在别人心里为敦煌留下一个特别好的印象。这是我做导游这么多年一直有的一个愿望。"

放羊的孩子与牵驼人之间为什么会差得这么远？制度问题固然令人绝望：或许只是因为张导是个被馅儿饼砸中的人，他上了大学，而那千千万万个牵驼人没有。

好，我承认，制度、教育公平……一切还有很长的路要走。或许这条路走到尽头，那些对家乡情感上的麻木才能有根本的变化。

但我不承认在路上我们无事可做，就像张导在采访的最后和我说：

"我们国家曾经经历的文化上的那个断层，它正在你们上一代的手上愈合。而你们，你们会把它真正合起来。所以我一直在这样想：你们是幸运的，真的是幸运的。"

永远不要低估我们的力量，我们也许不能在黎明到来前召唤出太阳，但我们至少可以成为星星，甚至成为月亮。

我们能不能去做张导这样的，在自己的岗位上做好每一件事，并用自己的小火苗来守护自己热爱的家乡与文化的人？

甚至更敢想一点：我们能不能去做像樊锦诗先生那样的，用自己的一生去点燃更多的小火苗的人？

我们能不能去做那个幸运的、合上断层的人？

采访及整理：李芳瑜

# 《放羊孩子的突围》创作谈

◎李芳瑜

　　十三四岁时我很喜欢搜肠刮肚地用华丽的辞藻写作。对着一片偶然飘落的叶子，即使当时毫无所感，也乐意用绮丽冗长的文字和百转千回的情绪塞满 1000 多字的作文稿纸。看似丰沛的情感背后其实没有多少真实体验作支撑，与其说是在写作，不如说是在进行一种具有模仿性质的文字游戏。

　　上高中后，这个毛病便在不知不觉间被改掉了。毕业后我又很多次翻开过高中时的人文课笔记本，6 年前刚入学时的第一节人文课上，我颇为庄重地顶格记下了"文以载道"四个字，后面还有一行小字：真正的文学不是风花雪月。这是于鸿雁老师当堂所做的解读，如今闭上眼睛，我还能回忆起她讲这句话时略显严厉的神色和语气。现在想来，这大概便是我改变的开始。但文学所承载的那个"道"是什么？那时的我并不能给出自己的理解，只是模糊地明白自己先前喜爱的那种"文字游戏"原来只蕴含着文学表层的美。拨开种种花里胡哨的文字排列组合，其中似乎有着更加本真、动人的东西。

　　之后的 3 年中，我跟着大家不断地阅读、行走与写作，

"文以载道"这句话的注脚也就不断丰富起来。"道"的含义在我心中逐渐有了具象的例子：在旅途中邂逅的真情与温暖是"道"；"曾日月之几何，而江山不可复识矣"的感喟是"道"；支教的同学望着留守孩子们求知的眼睛，他痛苦而迫切的思索亦是"道"……"道"虽有着千变万化的种种形貌，却在文章表面的抑扬顿挫下隐含着它不变的来源：真实。只有以真实为根源和内核，文章——无论朴素或华丽——才能拥有自己的力量。

张导的故事就是如此。其实用世俗的眼光来看，这个故事并没什么特别之处：张导不是樊锦诗先生那样有极大影响力的特殊人物，只是这片土地上再平凡不过的一个普通人。但如今再读，我却惊讶地发现21岁的自己依然会被17岁时写下的这个普通人的故事与这些素面朝天的文字所感动。其实仔细读来，字里行间仍透着未脱的稚气，甚至有着不小的瑕疵；张导的讲述也尽是平铺直叙，没有多么惊艳的语言。但只要是从生活的泥土中扎扎实实生长出来的文字，便自有一种平和的力量。不论是那个"骑骆驼上学"的谎言，还是月牙泉边提着两双鞋子一路小跑的背影，都因为绝对真实，所以极其生动可感。即使我们没有亲身经历、参与过他的人生，也能通过这些再平实不过的讲述，在眼前勾勒出那个放羊孩子的面庞。

这种真实亦带来真诚。张导的感情是如此真诚，你可以透过他的描述清晰地看到很多年前那个放羊孩子脸上的泪水、那个年轻老师心中的绝望与不甘，以及如今这位优秀导游眼中的希冀与善良。他将自己十分坦诚地展现出来，丝毫不掩饰自己过往的瑕疵与迷茫，也不夸大自己如今得到的鲜花与掌声。所以坐在他对面时，我能清晰地感觉到：他绝非想借这些经历来夸耀、装饰自己；他只是想用他一直以来践行的"向上向善"，来给我们这些萍水相逢的孩子们提供一点儿借鉴。"你们这一代，是要把传统文化慢慢发扬光大再传承下去的一代。我们国家曾经经历的那个文化上的断层，你们会把它真正合起来。所以我一直在这样想：你们是幸运的，真的是幸运的。"我清楚地记得在我整理录音文稿时，张导最后说的这句平平淡淡的话如何反复叩击我的心灵。因为"文化上的断层"是放羊孩子亲身迈过的那无数道坎坷，"合上断层"是提鞋的年轻导游 20 年来努力的意义。所以当他说"你们是幸运的"，我也知道这句话绝非居高临下的说教，而是无比真诚、真挚的嘱托和祝福。

这种真挚与真实有着比想象中更为深远的力量：直到今天，它们依然默默地影响着我。四年后我已经记不太清自己当初写下的具体内容，但当我再次拿起这篇文章时，才恍然发现：我现在前进的方向，恰与彼时的所思所想遥相呼应。高考后我很幸运地来到北大学习外国语言文学。大学与高中有着很大的不同，同学们来自五湖四海，心中的理想与观念自然也有很大的差异。在过去几年的实践和学习中，我自己也经历了许多次观念的更新。但无论如何变化与成长，内心最深处的信念依然和当初写下这些文字时没什么两样。如今走到了大四的岔路口，按照自己的规划，我也将在毕业后从事与中外文化交流相关的工作。"合上断层"真的成了我努力的方向，而那句

"人要有植根于心底的自律，要有替别人着想的善良"也依旧是我如今为人处世的准则。曾经影响过张导的那句"向上向善"同样在我的生命中留下了痕迹，当年的思考与记录一直藏在我心中某个不起眼的地方，悄无声息地引领着我每一步前进的道路。

我很感谢楚达老师能提醒我去记录下这个故事，让我用文学的形式记录下 17 岁时的所思所想，更给了我一个机会去思考和沉淀。似乎就是在这样无数次的思考与沉淀中，我形成了如今的信念、理想与看世界的眼光。我想这就是文学之于我的意义：写过的东西、做过的思考不会消失。它们不仅会帮彼时的我理清思绪；更会默默地内化于心，从过往的岁月里折射出一束真实与美好的光，为未来的我照亮脚下的路，让我在思考与实践中逐渐向自己笔下的"道"无意识地贴近。书写张导的过程在当时看来是在写他者，但现在看来，也是在不自知的情况下描摹我自己未来的影子。

这篇文章后来刊在了文学社主办的校刊《流石》上，成文时我刚好进入高三，也从文学社的各种工作中退了下来。很惭愧地说：高三的我一直狼狈地在分数与排名中跌跌撞撞，再没认真动过笔。所以这篇文字其实算是我整个高中阶段的最后一个作品，也就从某种程度上代表了我在四中这几年学习与行走的成果。现在长大了一点儿，也渐渐意识到十六七岁时形成的观念与看法是如此的重要，会影响甚至决定之后很长很长的人生。想到这里，我总会很庆幸自己的这个时期是在四中老师们的引导甚至是"逼迫"下，用不断的阅读和行走填满的，留下的也都是这些扎实的、一步一个脚印的文章。在文学社干活儿的几年里，我一直很喜欢"文以载道，《流石》不朽"这句话，于是便时常在文学社各种发言、文案的结尾加上这么一句，读来觉得掷地有声，似有千钧之力。就这样念叨着念叨着，便也慢慢在潜意识中将它当成了自己做文章，乃至做人、做事的高标。这些或有形或无形的文学教育也许在当时显露不出什么效果，但当人从象牙塔中一步步迈出时，便会在过往这些经历与教育的影响下，看到更加清晰而辽阔的世界。因此，对于四中这场漫长而深刻的文学教育，我除了感激之外，更衷心地希望更多的人也能如此度过自己的十六七岁：能在文学土壤的包裹中，将经历淬炼成思想的种子，并留待其在日后的成长过程中慢慢生根、发芽。

指导教师：王楚达

# 行 前 三 思

## ——关于支教、乡土教育、乡土社会

◎欧 洋

　　**题记**：我读过费孝通先生的《乡土中国》后也开始思考乡土的社会现状及对我们的意义，于是在随笔中写下《对乡土的反思》，草草对乡村的自我封闭性进行解读，并讨论其封闭的原因，得出结论是：在一个人情社会中，知识信息传播艰难，导致内外差距加大，构成正反馈的衰退结果。适逢支教活动，我不大满意之前粗浅的思考，遂作本篇。其实我写作的目的也有对我身份与血脉的自我认知。何为故乡？这是有些人穷其一生也不能说清的命题。我更希望借此文章传递出广义的故乡认同，延展到国家，并思考支教的意义和乡土本身。写罢，我直觉不能从书写中寻找慰藉，然个中答案已呼之欲出。我原来是在为一种价值而写，也在为自己生命的根源而写。

　　我在上篇《对乡土的反思》中大致勾勒了一幅萧索凋敝的乡村图景，匆匆结尾，可以说未完待续。这种荒凉不在经济和生活层面，而是一种精神上的荒原，成因之复杂自是我不能一时想透说透的。

平日阅读中不单莫天歌同学的《春节回乡偶记》引我深思，还有一位在读研究生的文章，也引起我的注意。该文也是一篇春节返乡的记录，以海子那句"你所说的曙光是什么意思"为题，贯穿全文的态度便昭然若揭。她是北京大学的李琬。她写道："乡下的一切都在肉体和精神上死亡，人们并不渴望挽留。这里弥漫着绝望，旷野里无尽绿色所散播的巨大生命力和乡村实际上的衰败氛围形成了强烈的对比，不能不让人慨叹。"我需承认我的思路受这些很显悲观的现状和议论影响，也不自觉变得悲观，但当再忆起被抛弃的乡土，心中对它们的哀痛还会涌现。

6月份我们将去支教。顺这话题可论一论乡土教育，也算做出一份行前准备。

语文老师在课上有意无意谈到支教，所说却是我一直思考的行动意义。"行前会"召开之前我设想为那些学生做点儿实在且有价值的事，不是一两个小礼物或知识内容的传授——我们并不以挚友或教师的身份前去支教，虽然二者也许被我们认作事实和全部，我们应试图带去更长久的帮助，例如唤醒他们对生活更深的理解热爱、不局限于物质的精神追求、广远的梦想。于是我想从文学切入，由加缪的《鼠疫》讲人生的勇气和反抗，由卡夫卡的《城堡》讲"心灵深处不可磨灭地怀抱着对那条给我走而我注定要走的唯一光明的道路的希望"（马克斯·布洛德后记），因为乡土恰是"城堡"的关隘，我愿他们懂得远方。

可是现实反馈得干脆决绝——我们去的地方除英语课外没有其他文化课的授课计划，而在班会课大谈文学无疑不切实际，于是我的构想最终沦为空想。悻悻之余，我又宽慰自己：即使有机会，我也未必能把自己体会到的那点儿东西完全分享给他们，因为他们也许限于种种原因而无法理解接受。

我曾以为支教是照进乡土的一束光，象征希望的幼苗；现在一想象会迎接我们的学生的笑靥——也许被城市人称为木讷土气的欢笑，竟生出莫大的悲哀来。

假如我们带来年轻的乐观主义，当真能够影响几名同学并使他们更投入地学习，为更广阔的将来奋斗，以后更有一番作为，那自然是美好的事情，却也意味着，他们与其他享有或没有丰富教育资源的同省学生拼搏竞争后胜出，不过是有人留在乡土守望，有人走出乡土看到比书本里描绘的还多彩的世界。乡土之内，逃离的社会与衰退的社会共同蜕变，这种困境需要我们找到一条破解之道。我们传递的思想该是让人闯过千军万马后不被乡土和城市流俗浸染，保有独立高贵的自我。

何其之难。乡土的统计数字到底有多少水分无人说得清，新房对着倾圮的旧房建起，混乱躲在摄像机触不到的角落欣然壮大，人们只想逃离，之后不必回来。事实是每年自乡土来的百万考生都想用一次考试改变命运，即用知识出走故乡，我当然不能说这样的奋斗了无意义，然而意义必然是极其有限的。因为只有少数聪明且刻苦的人能以这种方式走向城市，其他青年的出路唯有留守故乡或外出做工。我已讲过，乡村是自我封闭的社会，对外交流途径越少便越故步自封与落后下去，也越容易受快速变化的外界的冲击，变得残破脆弱。外面的人不想进来，里面的人想出去，李琬说："这种绝望早已不仅仅来自贫困和闭塞，更大程度上来自被抛弃——没有人再回来。"

我的父亲从四川贫困的大山里走出，走过高考这座独木桥。

他每年都回乡，回已抛弃又抛弃不掉的魂牵梦萦的故土。距我上次同他回去已有多年，那地方总归代表着我生命的根，虽然我们如此陌生。它流淌在我的血脉里，用我听不太懂的方言呼唤我。父亲的亲人已搬到邻近县城，父亲和他们驾车回乡要花整个上午，路上颠簸并飞扬着尘土，眼前总像溢满着泪水一样被绿色占满，记忆也洗刷不掉我对它肮脏的印象——镇上打着丑陋招牌的店铺拥在土路两侧，人声和摩托车、汽车的喧哗在到处眯眼的尘埃中也聒噪恼人。又去镇边的亲戚家拜年，他们簇新的楼房拔地而起，与我见到的其他许多贴着巨幅广告的旧房格格不入，孩子用着新式苹果手机，在农村的环境中却不能让我觉得有希望。

乡土是以应试教育的形式把自己挖空。我所知父亲从前的同窗还是农民，一个镇出大学生是件喜事，也本是与他人邈远无关的事，家庭经济状况改观就应盖新房买电子产品，继而迁到县城生活，念书就能走得更远。父亲到北京，对故乡的牵挂则大多已是精神上的，我对故乡的认同也是精神上的。根本来说我亦是土里的孩子，这种若隐若现的联系促使我更加关切故乡人们的精神现状。那是显得好逸恶劳、颓唐懒怠的。贫瘠在精神上蔓延，经济发展不能解决深层的问题，就像父亲从前的同侪们在物质水平提高的基础上先用上电，继而住楼房，使用各类电子产品，却也身体力行地进行物质层面循环的工作。这里不会出现科技人才，不会有人讨论社会、人文、艺术问题，不会有人关心自我和周遭以外之事。国家的关注帮助的确显著提高了故乡的物质水平，但我以为物质水平绝不等同于生活质量，面对脱节于外部的群体，我很难看到未来。

我记得史铁生在《好运设计》中说的话："（陕北乡下的少年）完全不知道外面的世界是什么样子，便只可能遵循了祖祖辈辈的老路……光阴如常地流逝……才华逐步耗尽，变作纯朴而无梦想的汉子。他们也将如他们的父辈一样地老去，唯单调的岁月在他们身上留下注定的痕迹。""而人为什么要活这一回呢？却仍未在他们苍老的心里成为问题。然后，他们恐惧着、祈祷着、惊慌着，听命于死亡随意安排。"现在反观之，便知道他们几十年在精神上取得的进步依旧微小。

所以乡土教育不仅需要知识，还需思想与改变的激情。这样的改变在闭塞的圈子内是不能指望它自行消化完成的，乡土亟待外部输入精神力量。广为人知的契诃夫作品《套中人》在叙事上引出下一篇小说《醋栗》，后者才更进一步地剖析个人幸福与社会的关系，读后当然能发现知识分子有责任觉醒并为他人作出贡献的观点："幸福的人所以会感到逍遥自在，显然只是因为那些不幸的人沉默地背着他们的重担，缺了这种沉默想要幸福就办不到。这是普遍的麻木不仁……不要心平气和，不要容您自己昏睡！趁您还年轻力壮，血气方刚，要永不疲倦地做好事情！幸福是没有的，也不应当有。如果生活有意义，有目标，那意义和目标就绝不是我们自己的幸福，而是比这更伟大更合理的东西。"我想说，当下很需要《醋栗》中的这种觉醒，受良好教育的人逆此时代个人主义的风气而回馈乡土，这要求人们有勇气和决心。

号召青年下乡，随之而来是浪费人才等问题。我不鼓动下乡。我只是说明人们心中该留有乡土的一片地方，各方面、各领域的人都该有对乡土的责任与良知，譬如社科学者和企业家的关切。

而最深刻的悲哀也来自责任和良知。我与同学谈起这期春分《流石》，说莫同学的那篇文章写得很好，她所写的农村也几乎是我曾目睹的农村，同学于是说到乡土的"逃离"观念。他讲了两个故事，一是他的母亲考上大学，从农村走出才有今天的光景，不然也会陷入乡土的平庸，母亲与他自己会走怎样不同的人生轨迹就不得而知，这种逃离分明是有裨益的；二是听闻某对夫妇在城市打拼得很有成果，决计回乡创业，为家乡带来一丝改变，但黑暗又复杂的乡土社会环境使他们寸步难行，千万资金血本无归。听罢，我再三反思，依我看来逃离乡土没有错误，某种角度上甚至是完全正确的；返乡亦没有错误，却面临更险恶的环境和更大风险，我们不能指望出走者的后代为种种牵挂甘愿抛弃一切。

这里面固然有制度和政策的原因，囿于有限的能力，我无法深究也无意评说。但无论遭遇多少困难，也不能否定我们向善的愿望和对出路的探寻，比如想想这次支教活动能带来什么转变。我们凭浅薄的学识和几乎空白的教学经验去教授更年轻的学生们，他们还是被乡土养大而大概未见过外面世界，思想的沟壑大抵无法用交流填平，此时我们究竟能带来什么转变？

也许我们可实现的只有打开精神上通向外部的窗户，让他们认识到斑斓世界的存在，而连这也不是容易做到的。他们感知到的东西兴许随时间的流逝而逐渐裂解，划归到琐碎的生活中。于是我越发认同支教其实是单方的，对我们有着更多意义，是深入乡土并开拓我们的视野，使我们了解另一片祖国的区域。我们中一些人出生于富庶的家庭，享受中国顶尖的教育资源，是我们而非别人更应该承担起未来的责任。

由此我恍然联系到柏拉图的洞穴之喻：人们被锁在洞穴里无法回头，只有身后火光照在眼前的墙壁上，生成幢幢阴影，他们便以为影子是世界全部的真实。假若有人打破桎梏并回头看到火焰和洞穴的出口，他头晕目眩不知所措，最终认清以前的世界是幻影——至此都和诺斯替教派的虚无主义与神秘主义相似，但以后在走出洞穴认清外部光明之际，他抛弃虚无而拥抱真实，回到洞穴中试图向他的同伴解释。另一些人却不相信他的话，对他抱有仇视和敌对。故事的结局并不乐观。但自出走以后，他的使命就是带领人们重见光明。

倘若我们在支教一行中能收获这样的觉醒和义务，接近那个伟大的哲人并给予他人启蒙，我们才真正没有辜负自己和乡土。此"成为"非口号或电光石火的顿悟，而是持久的追求，即便追求中掺杂了虚假的梦幻，这却是能被称作信仰的崇高力量，允许我们无悔于过去也不畏惧未来。

乡土问题是祖国在各时代均割舍不开的问题。我曾读到这个观点：我们的时代既不比从前差多少也不比从前好多少，每个时代都有其问题，都是狄更斯所谓的时代，时代之内的人却对之抱有过多担忧。我赞同其乐观，但不赞同颓丧下去，我们要积极地直面问题，那时候乡土方有一个明确的希望。

指导教师：王楚达

# 陈　老　邪

◎廖婧茹

"木子，回来吃饭啦！"妈妈站在陈老邪家门口，声音透过一片夕阳余晖，传进屋子里。

我不情不愿地将眼神从陈老邪手中的锔钉上挪开，懒懒地答应了一声。

陈老邪抬起他那颗银灰色的脑袋，眯眼看了看表，连忙催我快走。然而一分钟后他又看着我飞奔了回来。

"陈老邪，妈妈说我们家那个年代很久的小瓷壶磕坏了，麻烦你去看看。"

陈老邪收拾好他的锔瓷工具跟我回到家里，妈妈拉他吃饭，陈老邪不好意思地推托了一会儿，坐下了。饭后，他坐在我的书桌前，在台灯下对着那个小瓷壶小心翼翼地敲敲打打。我在一旁痴痴看着。

陈老邪在我们这一带锔瓷小有名气。听说他师傅的祖上是御用工匠，号称"天下第一锔"。陈老邪最初也不叫陈老邪，因为他锔瓷手艺好，师傅李老邪骄傲地叫他陈老邪。日子久了，他真正的名字就没人记得了。陈老邪很和善。明明是爷爷辈的老人了，我跟着大人叫他陈老邪，他也不恼，笑呵呵地冲我点头，有时还塞给我一块点心。

陈老邪锔瓷的手艺真是一绝。锔一朵荷花就变成水中荷塘；装水的碗或盘就锔一条鱼，是如鱼得水；锔一只蝙蝠是福从天降。陈老邪锔的瓷里，我最喜欢一个天青的瓷碗，是养鱼的。陈老邪在缺的那角补了一片银色的荷叶，叶上脉络细腻至极，形态灵动，宛若天然，与水与鱼皆十分相称。

将有瑕疵甚至碎成几瓣的物件修补成更加精巧别致却又与物件浑然一体的样子，使物件跃升为一件艺术品。其中不仅有工匠的手艺精良，更有匠人的巧思与人生体味。而这便是一直以来锔瓷吸引我的原因。

小时候的我不懂这些，只是单纯觉得十分有趣且好看罢了。

记得陈老邪曾经跟我说，若不是因为后继无人，他这手艺是绝不露给我看的。说这话时，他看我的眼神中，有束光跳动了一下。

"可是晓辞叔叔和华华阿姨明明每年都回来看你呀，怎么说后继无人呢？"

陈晓辞和陈华华是陈老邪的一双儿女，在国外读完博士，毕业之后在大城市找了很好的工作，每年固定两次回来看陈老邪。提着一大堆营养品，在众人艳羡的目光中躬身走进陈老邪低矮的小房子里。他们不止一次想要将陈老邪接去自己的城市，他们争论到底是上海好还是北京好。陈老邪说别争了，我不去，我走了乡亲们锔瓷找谁。孩子们拗不过他，说要给他盖栋大点儿的房子，他不肯。陈老邪说老太婆走了，我一个人待在大房子里怪空落的，小屋子安心。待上两三天，他们就离开了，转头奔入汹涌的城市之中。陈老邪话不多，孩子回来，他总是将自己最得意的锔瓷作品拿出来，赠给两个孩子。前些年他们不要，说瓷器易碎，带着麻烦。直到后来晓辞叔叔的妻子偶然将一个瓷碗带回去，到家里做客的领导把玩之后爱不释手，于是晓辞叔叔便借花献佛。此后他们一改对陈老邪锔瓷的不看好，陈老邪锔的瓷，成了晓辞叔叔和华华阿姨送领导礼物时最拿得出手的物件。

他们跟陈老邪说，多亏了老爸的锔瓷，升职之后，手下管着多少多少人，加了不少薪酬。那笑容仿佛一朵花。而我在旁边看着陈老邪，他却像是遭到了莫大的打击一般，背过身，垂下头去。良久，他端起桌上凉透的茶水。我以为他要说，你们走吧。他却只是把茶盏搁到唇边，没喝，又放下了。他从里屋的柜子里取出两件锔瓷作品，用报纸一层层包好，递给两个孩子。陈老邪说，这是好事。陈老邪说，大城市里的人也认可我的锔瓷手艺，这是好事。晓辞叔叔和华华阿姨附和着说，是啊是啊，这是好事。然后每人给了陈老邪一个大大的拥抱。

听了我的话，陈老邪手上的动作慢了下来，他摇摇头说，不一样。

然后他就继续专心致志地敲打着瓷壶，不再说话。叮叮当当，清脆得像一支古曲，使我想起雨滴落在屋檐上的声响，在这静谧的夜里，让人莫名地安心。

陈老邪将那个小瓷壶重新拼接好了，接口处锔上了一枝浅金色的梅花，枝干遒劲，梅瓣精巧，点酥剪水。他不收妈妈的钱，他说若执意要给报酬的话，不如让木子多去我那儿看看锔瓷吧。妈妈支吾了一会儿，低声跟陈老邪说了些什么。我光顾着翻来覆去地看那个瓷壶，没有细听。直到陈老邪走过来拍了拍我的脑袋，说木子是个难得的好姑娘，好好学习，以后肯定会有出息的。

我朝他咧嘴笑，他也笑了，脸用力向上挤着，露出一排不太整齐的牙。

陈老邪走的时候天已经黑透了，不知什么时候下起了雨。这个季节的江南就是这样，淅淅沥沥的雨点总停不了。然而那时我竟疑心是陈老邪锔瓷的声音将雨引来的。陈老邪从我手里接过伞，妈妈说您慢点儿走，小心些，他点了点头。妈妈要我送送他，他摆摆手说太晚了，地上滑，木子一个人回家不安全。他说着，看了看我，笑了一笑。不知是不是四周太黑的缘故，我竟觉得灯笼里那一点儿光，映得他的眼睛里有汪泪。

可是笑的时候怎么会有泪呢？我揉揉眼睛，想大概是我看错了。陈老邪也调皮地学我揉揉眼睛。我再看时，果然没有了。便更加笃定是自己看走了眼。

于是陈老邪提了一盏灯笼，一手撑着伞，在晕染开的夜色里深一脚浅一脚地走了。我看着那暖橘色灯光在雨幕里逐渐朦胧起来，一晃一晃地转过巷口，不见了。我托着陈老邪锔好的小瓷壶，在门口站了一会儿，想着陈老邪应该到家了。身上这时也觉得沾了几分凉意，就回屋了。

躺在床上，听着雨敲屋檐的声音，又想起陈老邪叮叮当当的铜瓷声，想着明天要继续去陈老邪那里看他铜瓷。这时我的脑子里冒出一个念头，如果我长大也能像陈老邪那样铜瓷就好啦！那，明天去问问陈老邪，我能不能学铜瓷呢？

大概陈老邪会说，木子你还太小啦，先看着我铜瓷吧。

又或许……他会同意我跟他学？

这么想着，我心里不禁更加期待明天的到来。

然而等我再次醒来时，已经身在一个北方的城市。妈妈带我去见了我的继父，他在这里有不错的事业。妈妈与他从小青梅竹马，只是后来男生搬到了这座城市里，两人便断了联系。时隔三十年，妈妈终于如愿嫁给了他。我替妈妈感到高兴。

只是我再没见过陈老邪，那个年幼时铜瓷的梦想，也就如同一场梦一般，轻易地破碎了。有时我写着写着作业，会突然想起陈老邪，想起那个江南小村里叮叮当当的声响。想起那时他大概是想将我培养成铜瓷匠人吧，这样他也就不用担心这项手艺，随着时代发展的脚步越来越快而逐渐消逝了。

后来我大学毕业，有天偶然在箱底翻出了那个被陈老邪铜好的小瓷壶。关于陈老邪的记忆一拥而上。我怀着一腔热血，踏上南去的列车。我想无论生活艰辛与否，我都一定要将铜瓷这门手艺传承下去。一代又一代，我一定会找到那个接过我的接力棒的人。我不想看到许许多多像陈老邪一样的老工匠的泪水，我还很年轻，一定可以为他们做点儿什么。

…………

那时正是油菜花开的季节，漫山遍野的金黄。我寻遍村落也未找到陈老邪那个低矮的房子。直到夕阳西下，兽归山林，我停在了一个小土包前。墓碑的碑文告诉我，这里葬着陈老邪。我多方打听才知道，他在几年前因劳累过度，诱发心脏病去世了。

听说他去世前一双儿女都在，也有许多敬他爱他的乡亲来送他最后一程。

陈老邪却一直固执地望着北方。

指导教师：杜思聪

# 火　车

◎落　澜

　　火车就这样安稳地启动了。一切都被远远抛在身后——脏乱的站台、浑浊的灯光与不断的喧嚣。车厢里人们大抵对远行习以为常而毫不在意窗外流动的风景，盯着手里一块发亮的屏幕。如此情形下他的举措总显得格格不入。太阳从田野的一侧慢吞吞爬上来，似乎颇有犹疑地洒出几缕光线，荒蛮的大地立刻使人看了直觉欣喜，他贴着窗边正贪婪地想把掠过的所有景象尽收眼底。草木起伏有明显特点，即近者往往模糊地飞逝，目光尽头却长久为伴，这样近远短长的矛盾忽然闪现在他的脑海里，令他不得不反复琢磨其中的意味。

　　思索时是谁向他说"太晃眼"，不留情地把遮罩拉下，一切便短促地消失，随同他漫无边际的胡思乱想消失了。他忽然生出一股苦涩的情绪，在他心头像波澜荡漾开去。他想他自己于此竟如此不合，随即起身走向车厢交接处。那地方有几人靠着车门盯手机看，不时露出令他感到怪异的笑容。门上窗户是窄窄一条，近乎孤单地挤在那里，外面万物都匆忙地向后跑，没给他留下看清的时间。他走到窗前，发现骄阳已稍打起精神灼烤着大地，隔玻璃都可感受它巨大的能量，也就是在相同一个太阳底下，他的过去如沉重的包袱被彻底留在后面。

此行若无变故是四年，但定要常回去看看的，他在心里说。那么谙熟村落的一花一石，他能将全景在心中重画一遍，细节必无遗漏……父亲与母亲也许生活得还好。在村边布满茂盛灌木的小山头上远望即可看到村落无垠的田野，稻谷沐浴光中翠色欲滴，接连起伏的声音让他以为这是海，从未见过的大海的形状，深邃睿智而包含所有答案，和林涛一并在酷夏紧张的空气中四散殆尽。此刻忆起父亲游弋田间，仍有过多农事需操持，多至远超其年龄所能承担的上限，让人免不了牵挂。

这一路都是山，无尽绵亘的山，重叠分层向铁路聚拢，远近并行，像几条舒缓的曲线画在纸上，其上无非是千万棵相似的树，绿幕使他恍惚看到自己的映像。通红的双颊一贯是被乡间生活洗练出，粗糙且坚实，至于其他则实在平常，在城市人看来，与来自乡土的他人别无二致。此外他在找寻大山后隐约闪现的田地——只是山缓缓稀疏，车速变慢，列车经过站台。

车门打开后，形形色色的人进出，待其将关闭，挤进来一位打扮特别花哨的胖女人——他猜约四十岁年纪——像只肿胀的气球被五颜六色的衣服紧裹住，慢吞吞看了许久手里攥着的票，随之踩着不合脚的球鞋努力像泅水一样挤到座位去。他看到她坐在自己座位一旁。他并不费力地接受此事实。很快窗外又被山包围，踯躅于此愈发无趣。怀有对她的某种尚不强烈的好奇，他决心回到座位上，嗣后立刻被过度浓郁和刺激的香水味纠缠。胖女人瞟他一眼，随后兀自看手机并不时哑然失笑，间或掏出梳妆镜仔细检查涂过口红的双唇与涂过睫毛膏的长睫毛。

列车正在走走停停，车厢里人来人往。又一位旅客登车，坐到胖女人的另一侧。打眼一看，这个女人极瘦，与胖女人迥异，装束却如出一辙的鲜艳，细长的腿让人想到枯骨。胖女人百无聊赖与瘦女人谈起天气、旅途，而后她们戏剧性地攀谈起来，所说无非新闻奇事、市井生活且夹杂他听不明白的新词。他看到二人的球鞋分毫不差，仿佛一种启示。他发现这冰冷的幽默却未笑。

他想起家乡女人。每人的手都黝黑粗糙，像棱角分明的石头。她们性格也与石头类似，从出嫁后不仅需擅女红，还要务农与忙炊事，忍耐一辈子苦，最后入土为安。他想起母亲。记得幼时偷翻积满尘埃的箱子，里面一张母亲的照片那样端庄娉婷。他觉得血管中奔流的是她一半的生命。后来这箱子与其他嫁妆未动过，如同封印了一段遥远的年代。他已记不住照片中的容颜，取而代之是一张憔悴、千沟万壑而坚强的面容，这张面孔才真正在他的时间中活过。这张面孔在记忆里，在饭锅旁的氤氲里幻化，忽然像在云中徜徉的月亮，隐约勾起观月者的哀思。

他回到家中，她确是这样守候他，为他做一餐虽不丰盛但极可口的饭食。一些少油寡淡的菜肴倒有美妙滋味。父亲也从田里归来，哑默着坐到桌前，拿起沾着一层无法洗去的油腻的竹筷，和他一同用餐。此刻唯咀嚼和下筷声填补空间的空白，但无处不洋溢家人容易满足的快乐。

可他回去并非这幅臆想的场景，院落一地枯黄的叶片，到处都像爬着萎缩畸形的老头在呻吟，而被他踩得支离破碎。房间里空无一人，家具都倒塌了，瓦砾渣滓铺满地面。他走到其他几间房，场景均相似。他疾呼父亲母亲，仍无回应，于是倏忽间好像反应过来什么，径直走向后屋，那沉重的箱子略无变化，就在肃穆中等他到来。人与物近乎被神祇指引于此刻相遇。他怀有无上敬畏之心打开，里面没有照片，空无一物似深渊，此时头顶迸裂訇然一声巨响，他被埋在坍塌的砖石下，剧痛如潮水从脊柱蔓延开。

　　耳边传来斥骂声。恍然苏醒，他与怒目圆睁的胖女人相视，方发觉自己已栽到对方肩膀上。原是薄暮时刻，她津津有味吃着东西，忽被他惊扰。他嘴中念叨道歉的话却模糊不清，像一团纠缠散乱的线在口腔中翻滚并黏稠地混上唾液。那模样像睡过百年又被唤醒，与尘世尚有距离。他僵硬地起身，行走在过道上并用右手紧抓一把右侧的裤兜，随即松开。到车门边时日头已沉沦，发出黯淡的余光宛若舞蹈的烈焰轮廓，就连这些转瞬也被树林淹没，此后徒留黑暗如席卷天地的悬瀑倾泻，很快吞并了窗外一切。他愣愣看这苍穹，群星稀疏，更被车内灯光晃得迷离，片刻后想起出来的目的。他才走到餐车，里面摩肩接踵地拥满人。队伍缓缓向前，轮到他时，他仔细盯着价目表，随后掏出钱又数一遍递给乘务员。乘务员是一个个头高大的男人，待他颇有礼貌。他递商品给他，他揣好钱并拿起东西走向饮水处，阅读说明后小心翼翼揭开包装一角，取调料，悉数放入，接热水，却被某路过乘客撞上，面和着滚烫的水掉在地上。乘客什么没说就溜走，水从鞋上的破口流入，使他忍不住大叫。彼乘务员把活儿交给别人，立刻赶来收拾残局。

可他心不在焉，几乎忘了疼。男人问他是否有大碍，他摇了摇头，缄默一会儿并问他列车到目的地还需多久，男人答尚有一夜。他又问座票多贵，男人不假思索告诉了他，反问他此行意图，他说去念书。男人教他今后好好用功。乘务员大致处理完转身离开，他还站在原地，迟疑片刻转身又走，又被远处的乘务员叫住，递给他一碗与之前相同的泡面就离开了。

他说不上心怀感激。左脚趾隐隐作痛。他改了主意，不打算吃饭而准备留到明天。他回去，扎进并不舒服的座位。因为是夜将同之前所有黑夜一样漫长，他会等待四肢俱倦，掐灭细若游丝的乱想，养精蓄锐迎接黎明。现在车内灯火不熄，眼瞅众生相，他想富人必不会在座票卧票间犹豫，这些人也相当拮据吧？他们在城市里将扮演什么角色？那我为何显得迥然不同？也许终要变得相似。

他愈发难以按捺心中激动，因白天睡过而很有精力顾虑琐屑，内心里正争吵。他幻想出身城里，但这乡土里的他谁来担受呢？仍只能是他自己。他厌恶读书，这是被逼的苦差事，可他深知命运的岔路。他被夹苦难间可总算能忍耐并小有天赋，读书读出家乡。未来将会怎样变化，他心中没敢确定半点儿事情。他四周人已入睡，鼾声在车厢内飘动。他以为将来就和这声音一样飘忽不定，没什么能把握。

在声音中能看到光，是荒火。夜晚把他与其他乘客分离。审视自己。末尾一段记忆是离乡。只有这确凿无疑。乡人都艳羡第一个从此地走出念书的孩子，通知书下来时全镇都好像将春节提前来过。他在席间习惯沉默，因为他没能分享到他们骄傲光荣之情。他像陌生人旁观自己取得一份荒诞的成就。亲友临行前还再三嘱咐他要刻苦用功，莫碰邪门歪道，待人处事仁厚。这些话萦绕他的脑海却像一朵浮云似的飘浮流浪，毫无重量。他是怎样想念这片已被抛弃的故土？新房已对立旧房拔地而起，绿色将像泪水四溢于双眸。农民似乎从出生起就没有停止过死亡的学习。这种印象是不可磨灭的。他们一直在演练死亡。生育的闭环某日被外界冲垮，新机器驰骋田野，旧时代已被废弃。父亲不晓得操弄机器，他被留在上个时代中。现在被秸秆荒蛮燃烧所冒出的忧郁的灰烟笼罩的大地，他凭什么眷恋它？只有他生命的根在里面，他的父亲母亲。那里没人能够理解知识，只懂得敬畏知识。知识已被证明死亡。他听闻智慧即知识，现代机器和农学被人研究，他们这一代人也被研究，可黑字白纸陈述的乡土与他们无关，好像城市里的流言。

他将把血脉连根挖去。他坐客车离开那里，临行前父亲落泪而他没有。他在颠簸的车上使劲揉湿润的眼眶。路费不菲，若在城里无收入，他将如何回去？也许更会耽误学业。他溘然感到一种刻骨的距离，就在这条漫长的铁路上有股力量将他与故土割裂开。也许早就成无可挽回之态。他再度感到隔膜。还是因书里的内容是无人可与交流的，父辈孜孜矻矻劳作，年轻人或北上务工或不务正业，后来他自己和自己对话，从书里仿佛看到超脱现实的异世。所以他不得不恨阅读。可他终究行走在一种人和另一种人的罅隙，糊涂的外表在城中只会受奚落。

城市像封死的禁区，如今他似乎作为抗法者要一探究竟。

夜更深时，他的记忆像被磨砺的刀片般已锋利至可怖。已经没有退路。左脚还在疼。身边女人像漏气的气球窝在座椅里熟睡。就在离站台几百里外，缘铁路回溯，他所知的一切都在逐渐倾圮。他不能欺骗自己。清晰记得疾病夺去母亲生命后，她躺在棺里时空虚的双目被阴影遮掩，虚空和苦难的终结。记忆的刀片在划开他的保护。棺盖下落，哀乐奏响，她长眠于墓中。他总梦到她的灵魂从窄缝挤出，在广袤的土地上盘桓哭号。他会问：她在陌墓中尚且安好？还有，父亲在劳作中是否坚持得住？那古老的身板简直被打磨成一层易碎的壳。

可是这些记忆刹那间已破碎成齑粉摊在眼前且末了被风拂去。它们已不复存在。故土已如一场梦湮灭。他想不下去了，合上双眼。此刻若谁见到他将会惊讶于少年镇定的表情，镇定里在流淌无穷无尽的悲恸。在火车上，这曾活在心里的一隅已经和窗外的万物一样，散失，邈远地遗落在他一个人生命的长河中。

指导教师：王楚达

# 从好奇走向探索

# 引　言

　　好奇，可谓人之天性。

　　浩瀚的宇宙星空，常让我们心驰神往；神秘的未知世界，总令我们浮想联翩。自孩童起，我们就习惯于发问，热衷于遐想。渐渐长大后，这种好奇却开始有了蒙蔽和钝化的迹象。我们当然需要警惕，需要竭力地呵护，需要唤醒。而文学，恰恰给了我们机会。

　　当时间延展至未来，当空间转化为无限，我们的眼前是无尽的可能。尽情写吧，不必拘泥，不必恐惧，循心之所问，勇敢去追。于是，《探肺之旅》在人体微观世界里巡游，以生物学原理，观照现实生活中人的存在方式；同名小说《火星一日》为解地球之急，奔赴火星，完成跨越时空的彼此成全和自我牺牲；《极限文明》在与901外星信号的对话中，再现人们追求永恒真相的漫漫历程，重构了人类文明的新走向；《我终于回来了》在宇宙宏观世界中，以地球第一人称视角，展现生命的幻灭和新生的轮回；《我、星星和故事》在"群星计划"中回顾了人类灿烂的发展史，并在星星的陪伴下呼唤新的希望；《宇宙监听者M2022》穿越四维空间，以宇宙监听者的身份重新审视地球文明，记录人类遭逢挑战之下的温情瞬间……科幻之笔纵横连绵出一个又一个奇迹，好奇之心延展升华出一个又一个文明。再回望，才知那遥远的放逐，是精神的另一种回归。

而这一切，始于好奇，却又远不止好奇。也许，当初只是生活中随意一问——食盐到底去哪儿了？或是突发奇想——为什么桂花是香的，白果是臭的？抑或是长期之困扰——为什么冬天镜片上会起白雾？……如此鲜活可感的生活，就这样领我们踏上追求真理之路：从一开始的大量搜集资料，到后来的不断观察取证；从最初的理论推导，到后来的实验证明；从前期谜团重重、混乱不清的冥思苦索，到最终逻辑缜密、直观生动的行文演绎。这样的经历弥足珍贵，它不仅为我们揭开了科学的真相，又何尝不是对文学的祛蔽与启蒙？甚至，这种循理求真的热忱与返璞归真的探索，可谓是文学之原点，是文学的初心。这也是我们在"文学常青藤"中辑录学生科普文章的原因之一，与文学形式相比，我们更看重的是文学的原初与本真。

当然，最重要的还是这背后翻涌蓬勃的言语生命力。四中向来重视学生的自由表达，鼓舞学生大胆创作。那些由好奇而探寻、由热爱而沉淀的文字，也许不免稚嫩，却荡漾着文学中最宝贵的"真"。因此，不论是在广袤无垠的宇宙深处探索，还是在神秘莫测的微观世界遨游，他们也期待用自己最真实的脉动与社会同频对话。而本章最后选录的三封四中学子给航天员的书信，以及往届学生写给初中时的自己的信，正是其对话社会、观照现实、探寻初心的缩影。其中所折射的，是对自我、时代和人类的省思，以及对未来发展的关切与担当。

从好奇到探索，是一种出发；从丰盈的想象到冷峻的科学现实，是一种回归。不断地出发，不断地回归，才造就了文学的路。

也唯有如此，天性不泯，好奇与探索的文心才源源不断，生生不息……

# 探 肺 之 旅

◎李浩珺

我们八个人向着飞碟走去。

高大的树木挺拔屹立，树上的枝叶奋力向外伸展，形成了一顶顶绿色伞盖，为树下的一片空地带来了阴凉。阳光透过树叶的缝隙，在地面上留下斑斑点点的剪影。飞碟悬在空中，等靠近时，我们立即启动鞋上的火焰喷射器，大家腾空而起。飞碟舱门在空中自动开启，我们鱼贯而入。

"请大家立刻回到自己的座位上坐好!"机长命令道。我屁股刚一接触座椅，就被安全带绑了个结结实实。还没等我反应过来，只觉得眼前一花，一堆彩色的小星星开始在我脑袋周围旋转飞舞，它们越转越快，到后来直接变成了一片虚影。这时，此起彼伏的嘀嘀声在我耳畔响起，我连忙闭上了眼睛，感觉脚下的"地板"开始向前倾斜，随即又向后倾斜，不断地变换方向，搞得我晕头转向。我们的座椅围成一圈，我的位置正对后窗。我刚想问问身边的同伴是否有同感，却感觉飞碟转得越来越快，让我难受得不想发声。

当我再睁开眼的时候，只见一大片中间凹陷的红色圆饼漂浮在窗外。"快看，前面堵车了!"机长大声喊道。我连忙扭头向前望去：一大串红色圆饼在飞碟前方汇集，整齐地排成一列长龙，其中夹杂着很多浅色球形的碎片。"前方的路口要单行通过，而我们的飞碟被红色圆饼前后夹击了!"机长补充道。

"大家猜，我们现在在哪儿?"机长的语气变得兴奋起来，嘴角微微上翘。"我们已经飞出银河系了吗?"一位同伴满脸惊诧地问道。"我是在梦中吗?我刚才好像晕过去了，机长!"我下意识地狠狠掐了一下自己的大腿。"哈哈哈!安静，安静!你们说得都不对!我们现在在毛——细——血——管——中!"机长拉长了声音宣布道。"啊?"大家都快惊掉了下巴。

我们这次旅行的目的是要探究肺是怎样工作的，而毛细血管是我们的必经之路!

说话间，我们进入了一条更宽的通道，左右都新增了好几条"车道"，"车道"上排满了红色的圆饼。"快看，我们已经到达肺泡上的毛细血管了!还记得吗?我们生物课上学过，肺泡上面覆盖着很多这样的毛细血管!"机长继续说道。"呃，毛细血管不是特别细吗?我们是怎么进来的啊?"一位同伴一脸疑惑地问道。"你们坐上飞碟时是不是曾经看到过一堆彩色闪烁的小星星，那便是我们的飞碟缩小系统控制器了!当它们全部亮起来的时候，我们的飞碟就可以快速缩小，并随意变换形状。"机长露出了神秘的微笑。

此刻，耳边又响起熟悉的"嘀嘀"声，我赶忙再次闭上眼睛。"快看那些细长的管子!"听到同伴的喊声，我才睁开眼。哇！飞碟边上果然平铺着大量细长的管子，它们互相缠绕着。我恍然大悟，估计这就是刚才所在的毛细血管了。这么说我们已经驶出了毛细血管？

正寻思着，机长开口了，"注意，看我们飞碟下方是什么？"话音未落，飞碟猛地坠落下去，控制系统的显示灯一亮一灭，交替闪烁，耳边传来了警报声。"啊！飞碟自动控制系统失灵了……"大家齐声惊呼。感觉飞碟撞上了一根橡皮筋一样的东西，然后被高高弹起。"我们的飞碟撞上了肺泡壁中的纤维，弹性很大！"机长大声说道。我赶紧扭头向窗外望去，只见大大小小的纤维交织在一起。

我正迟疑着，飞碟又开始快速下落，海绵似的结构倏忽而过。这次我反应过来了——到肺泡里了！肺泡是肺完成气体交换的场所：人吸气时，空气中的氧气来到肺泡中，通过扩散作用，穿过肺泡壁和毛细血管壁，进入血液；而血液中的二氧化碳穿过毛细血管壁和肺泡壁（那里只有一层薄薄的上皮细胞，我们刚才应该是特别容易就穿过来了！）到了肺泡中，这样就在肺内完成了气体交换。

还没等我定下神来，飞碟突然开始猛烈地晃动，被一股强大的气流裹挟着向上方飞去，左右翻滚。"大家赶紧坐稳，胸廓底部的膈肌舒张了，肺要被动呼气了！"机长激动地提醒大家。此时，我正好瞟见窗外——那里正是肺的一部分——一些组织竟已经有部分萎缩了。

"到支气管了！到气管了！"机长语速加快，声调提高，试图盖过飞碟外的轰鸣声。"人体呼气时空气先从肺来到支气管和气管，再到达咽，最后从口腔呼出，吸气正相反。大家注意看气管内壁上的绒毛，它们能拦截试图进入肺的灰尘和细菌。"机长的语速越来越快，声调越来越高。终于，飞碟渐渐平稳下来，我们长舒一口气，机长的语速也恢复了平缓。

"大家刚才看见萎缩发黑的肺了吗？那就是过度吸烟的后果！幸好发明了人工肺，能够完全取代人自身的肺。但我们还是应该好好保护每一个器官啊！"机长语重心长地说。

机长的话音未落，飞碟突然开始颠簸起来，那"嘀嘀"声又开始猛烈地咆哮，并发出了摩擦空气的巨大声响。当我终于从慌乱中恢复并望向窗外时，不禁呆住了——不远处是熟悉的教学楼、操场和传达室。机长一手竖起食指抵住嘴唇，一手示意大家看向传达室门口——

那里，吴大爷正斜倚着一把椅子晒太阳。温暖的阳光像一只大手抚摸着他，不知何时他已经在那抚摸中沉沉睡去。椅子侧角的地面上，赫然躺着半截发黑的烟头。

指导教师：陈　星

# 火星一日

◎徐语宸　李思清　张　杉　季书欣

## 前往火星——苏晓遥自述

我跟着李木川、昕远、安子禾一起走进了舱室，还有 22 分钟火箭就要升空了，我们四个人默契得谁也不说话，各自想着心事。这次的航天任务为期一日，四名组员分头执行两个任务：我和李木川一组，探测火星地表有无生命迹象；昕远和安子禾为一组，维修三年前由火星机器人搭建的基地。看着亲爱的同伴，我想起了昨晚那个不眠之夜……

深夜，我独自一人躺在模拟火星地表的训练室里。负责照顾我的机器人一录在暗红的沙地上铺了一张纳米材料制成的多功能床，就到一边待着了。我使劲在床上蹦了蹦，才舒心地躺下。可是，这样的夜晚，我怎么可能睡得着呢？我闭上眼，任思绪翻飞。

我想到了木川姐，李木川现在一定在第 N 次复习怎么快速适应从 1G 到 0G 再到 0.38G 的重力复合转变，或是如何在 0.5 秒内放出临时飞船，危急时刻迫降到月面的急救基地。木川姐是我们中年龄最大的，她总是先考虑我们几个，有时甚至会把自己忘了。我禁不住想，如果我和木川姐在火星遇到危险，姐一定会救我吧……我不禁紧紧捏住了挂在前胸的项链，这是木川送给我们的。我还记得确定此次任务人选后，她送给我们项链的情景，她笑着说："它代表着友谊，或许也代表着温暖的离别……"那不同于全智能时代的古朴的温情再一次触动了我的心弦，但想起那个温柔又残酷的约定，我又赶紧摇了摇头，打住了这个不祥的想法。不会的！我一定不会让任何人牺牲的！我可是苏晓遥，我一定要让咱们四个毫发无伤地回家！

我又想到了昕远哥。昕远和李木川一样，都是高才生，打小就聪明。昕远哥平时沉默寡言，我给他起过一个外号——"昕字如金"。他不如我能说，脑子可是好得很。而且他总是很严肃，就好像下一刻 AC 橡胶发动机就要爆炸了。我想到昕远哥紧皱的眉头，非常小声地笑了起来。

昕远哥就是个"大铁桶"，子禾比他好相处多了。我们俩还是一对令人羡慕的青梅竹马呢！这不，明天又要一起去火星了，想想都激动！

我望向蓝紫色的天空，一个个知识点浮现在脑海，火星大气以 $CO_2$ 为主，既稀薄又寒冷，沙尘悬浮其中，常有尘暴发生。尘暴吗？好可怕的感觉……如果尘暴来了，我逃走了，木川姐怎么办……我不耐烦地晃了晃头，怎么总是想这些事呢！不要乱想！

我深呼吸，把全身舒坦地摆成"大"字。智能床随着我身体的伸展，变大了一圈，我有些发懒，渐渐沉入了梦乡……

"倒计时！十，九……"响亮的广播把我从回忆中揪回来，木川姐和昕远哥跟模拟训练时一样，紧张地盯着数据显示屏，我和安子禾就不同了，我们调皮地相视一笑，对着旁边给地面直播的飞行摄像机，以各种姿态比心。我似乎听见了地面看直播的人们的笑声。木川姐回过头无奈又好笑地瞪了我们一眼。

"三，二，一！点火！发射！"火箭底部冒出了大量水蒸气，状如滚滚白烟。震耳欲聋的轰鸣声盖过了人们欢呼尖叫的声音，我们的火箭直冲云霄！虽然训练过无数次，但当我切切实实地看着地表离我们越来越远时，仍忍不住心潮澎湃！那是地球，地球啊！上面有我的亲人、朋友，和我热爱的、牵挂的一切！我热泪盈眶……

2035 年 6 月 1 日 9 点 0 分 28 秒，中国载人火箭"荧惑号"发射成功！

## 登陆火星 ——昕远自述

伴随着不可避免的巨大轰鸣声，"荧惑号"成功驶入大气层。"荧惑"是中国古人对火星的称呼，取其"荧荧如火，亮度与位置变化甚大，使人迷惑"之意。事实上，在 2035 年，我们在航天科技上取得了前所未有的进步。我们拥有先进的抗压设备，相比 2003 年的"神舟五号"载人飞船，此时升空的火箭简直如平地上行驶的轿车，时隔 30 年，中国人再次创造了奇迹。

我们望向远处的蔚蓝色星球，它像一位慈爱的母亲，安静地注视着她的孩子。各怀心事，大家心照不宣地沉默着。这时，晓遥打破了沉默："看！火星！Mars！"很快，"荧惑号"在预定的着陆点着陆。待飞船完全平稳，大家穿好宇航服，调节氧气阀，等待隔离舱氧气抽尽。舱门缓缓打开，映入眼帘的便是灰暗的天空、崎岖的地表、满地的沙石。最激动的便是晓遥，传感器里传来她的轻叹，倒也为这一片寂静增添了一些色彩。我也难掩心中的激动，暗自在心中感叹。

我们顺着梯子来到火星地表，这里重力仅为地球的五分之二，完全可以做到"一蹦三尺高"。

这让我想起来几年前在夏威夷峡谷科考时看到的火星地貌，我当时怎么也想不到，几年后我真的来到了火星。此时队里充当"长辈"的李木川对大家说："快点准备！我们没有太多时间，晚上这里的温度可低于零下82℃！昕远、子禾负责检修基地，晓遥和我去考察火星地表。我们两组人分头行动。"我们三人异口同声："好！"声音有些傻气，木川不禁笑了出来。

这一边，我和子禾在基地里加固太阳能板，检修设备数值是否在合理范围内。这是项危险的工作，老化的太阳能板随时可能砸下来危及生命，极端环境下运作的设备也存在隐患，简直是在刀锋上舞蹈。精神长期高度集中会令普通人疲惫、厌恶，但我认为这是一份荣誉。我从小热爱机械，每一滴为梦想流下的汗水，每一份持之以恒的热爱，每一个满怀憧憬望向宇宙的夜晚，都谱写了今日圆梦的乐章。如今，我终于成了一名为祖国和人民贡献力量的青年，这一刻我无比自豪！

工作间歇，我心中总是记挂着另一边的木川和晓遥，不知她们工作是否顺利，有没有发现火星上的生命迹象呢？

## 突遇尘暴 —— 李木川自述

我和晓遥在众多凹凸不平的陨坑里走了许久，都不免感到疲累。

"姐啊，这颗被古埃及人喻为'农耕之神'的红色星球竟然寸草不生！找到生命迹象可真不简单啊！"晓遥半开玩笑似的向我小声抱怨。

看到晓遥的疲惫，我鼓励道："不要灰心，小豆芽。你看！2000 年，南极洲发现了编号为 ALH84001 的碳酸蓝陨石，上面有微体化石结构，也许有微生物在上面，虽然学术界有很大争议……"

如此说着，我的脚步也渐渐慢下来，即使保温舱中温度十分适宜，我的额头上也渗出了大颗大颗的汗珠。我似乎被一望无际的黄沙包裹，那单调的土黄色一直延伸到目力所及的最远处……我们行走着、研究着，将周围的事物悉数采样，却始终寻不到那令我们魂牵梦萦的生命迹象……

忽然，地表出现了一抹亮色！一抹在火星沙地中无比显眼的淡绿色！我感觉心脏"突突"地狂跳起来，再顾不上往日的沉稳，甚至忽略了专业术语，像个孩子一般大叫起来："晓遥！看啊！那里有一株植物！"

晓遥也看到了，三点钟方向，有一抹绿色——一株像沙漠植物的物体静静长在岩石下，这将是史无前例的发现！

就像沙漠中的旅人找到了绿洲，我们雀跃着、欢呼着。我心头涌起一阵又一阵的狂喜，恍惚中只是带着晓遥在黄沙中疾行着，向着万千黄沙中的那抹嫩绿，向着由心底而生的希望……

停在这棵小小的植物前，我与晓遥久久凝望。它幼小，羞怯，长相普通，但在我们心中，它是世上最可爱的生灵。晓遥轻声吟唱起了《春之声协奏曲》。

我小心翼翼地采好了样，为它编上了号码，慢慢装进航天服内的小保险箱。保险箱内长久提供火星地表生物生存所需要的养分。航天服的这个功能本只是研发出来以备不时之需的，作为全世界第一个使用它的人，我深感荣幸，晓遥亦如此。

"晓遥，把土壤也采上样！"我转头嘱咐晓遥道，"把土带回去分析分析，破译出供植物生长的土壤环境，没准咱能破解出火星植物生长发育的条件要素，在火星上设立种植基地啊！"移民火星是人类的目标，要是有可能种植植物……那……我简直不敢想象，只是满心欢腾起来。

"哎！"

晓遥手脚麻利，一丝不苟地采好样，然后傻呆呆地问："姐，你开心吗？"

我笑着点点头。回想起来，那的确是我这一辈子里最快乐的时刻。

晓遥在我身侧蹦蹦跳跳，我听见她用传感器告诉我："姐，我现在的感觉像小时候玩蹦蹦床一样！"

我拍了拍她的保温舱外壳："豆芽，专心工作吧。上了火星，你可就不是苏小豆芽了，你是中国航天员苏晓遥，全国人民都等着咱们的研究成果呢！"

火星表面满是岩石，我们又采了些碎块和原生标本，里面富含赤铁矿之类的矿物质，采集这些物质也是我们两人此行的目的之一。

不知不觉中，时间已晚，我们该回基地了。突然，天边泛起了一阵黄褐的颜色，状如滚滚东来之黄河。是尘暴！我迅速作出了判断。

我从头盔旁的侧兜里掏出了联络器，熟练地从基地调出了救援艇，同时也提醒了晓遥。抵御尘暴是太空学院的高频练习项目，我们早就在模拟火星沙尘的"修罗场"做过一次又一次的高强度训练，几乎没有紧张之感。

可令我完全没有想到的是，晓遥的联络器失控了！为了保证突遇意外时航天员互不干扰，一个联络器只配备一套救援系统，且只容一人乘坐。也就是说，我们两人中只有一人能乘救援艇回去。晓遥急得红了眼，紧紧地抓着联络器。

漫长的沉默和尝试后，晓遥终于确定她真的联系不上基地了。

她反而冷静下来，用平静而又理性的语句述说起来："因检查疏忽，苏晓遥未能成功返程，我诚挚道歉，希望与我同行的李木川能成功返回地球……"这是航天员面对死亡时的报告，虽然没有其他通信设备，但说出这番话，便已表明她赴死的决心。

"只能一个人回去？没关系啊！"我故意做出一副傻样子对她说，"一个人够了，标本又不沉，你又壮实，不像我是老胳膊老腿的大姐大啊……你回去好好研究，早点儿为航天事业添砖加瓦……"

晓遥惊异地抬起头，四目相对，我笑了笑："因……因为什么无所谓啦，李木川将不再返程，希望与我同行的苏晓遥平安返回，还希望她早日成为最伟大的中国宇航员。"晓遥年轻，健康，极有潜质，是航天组最重视的年轻人，如果有危险，她必须回去，哪怕牺牲了我。这是我早就想好的。

漫天的黄沙中，晓遥哭了。她把头埋在膝间，紧紧地怀抱着标本。她对我说："我不要！姐，我扛不动那些个大东西，我是小豆芽，我离不开你……"

"弱爆了嘛！你个豆芽菜！成年啦，该扛起那些过去扛不起的东西了。航天事业是全世界的梦，站上火星，你就不是你自己了，你是第一批登陆火星的人，你是地球上空遥远的晓光，是启明星啊！怎能这么幼稚，丢我们的脸啊！"

情绪向来平静的我不禁笑了起来，笑到流出了泪，笑到颤抖起来。

"别忘了我们的约定！"我从侧兜掏出了那条项链。

"最好也别忘了我，我的豆芽菜。"我朝晓遥眨眨眼。

救援艇来了，晓遥站起身，回头望望我，迈步登上了救援艇。

透过艇窗，晓遥敬了个礼，我亦回之。

艇走了，随着距离增加，我们间互通的信号也越来越弱……

晓遥说话了："我是苏晓遥，遥远而真实的晓光。"

我笑着说："我是李木川，坚韧挺拔的木，心怀山河的川。"

黄沙漫天。

我对自己说："晓遥一定会争气的！她一定会成为航天史上的明珠！"

星河闪耀。

## 依依惜别 ——安子禾自述

我倒在地上，气喘吁吁地脱掉宇航服。经过 8 个小时的检修，基地的一切功能正常，并且有足够的氧气和物资供我们使用。

可昕远看起来心不在焉的，汗水浸透了他的后背，他的动作也越来越慢，似乎心事重重的。

我拍了拍昕远的背："昕远哥，在想啥呢？咱们可只有一天时间，光检修这么个基础设施就用了 3 个小时，得加快点儿速度了吧。"昕远瞥了我一眼，摇了摇头："没想什么。"而后转身从旁边的物资箱中拿出一袋真空包装的包子丢给我，又坐到桌子前，翻开一本笔记本，开始写写画画。

良久，他才小声地开了口："我在想豆芽和木川。"

我隐隐约约听见他说："会没事的，豆芽够机灵。"

漫长的等待后，本应该在返航前 4 小时回舱的木川姐和小豆芽却还没回来，我此时有些慌了神。昕远也努力掩饰着自己的不安。毕竟我们是第一批来火星的人类，谁也不敢保证大家都能平安无事。

基地的外舱门被打开，2 分钟后，苏晓遥孤身一人站在我们面前。

我担心地跑上前去，对着苏晓遥左看看右看看，晓遥带着一点儿哭腔："……我把火星岩石和标本放在外舱了。""木川姐呢？"苏晓遥听了这话，突然就扑到我怀里大哭起来，掏出一个檀木小盒子，我接过它，心里明白了大半。一直沉默着的昕远颤抖着说道："木川她……她们遇到了火星尘暴，木川之前向基地求救，我便派了无人救援艇去……但救援艇只收到了一个人的信号……我还以为回来的会是木川……"

昕远的话更加证实了我的猜想。

我们的宇航服只能佩戴两个氧气瓶，而一个氧气瓶只够维持 10 个小时的供氧，她已经快 1 个小时没有氧气了。

我强忍着泪水，轻轻拍着晓遥的背。这是我现在唯一能做的。

晓遥哭个不停，一直怪罪自己没有带姐姐一起走，怪罪自己没有检查好联络器。一向成熟的昕远也默默地落泪。

昕远看到了我手中的盒子，开口道："那是木川的项链吧？"

"嗯……"

"戴着它，别忘了咱们的约定。"

"好。"

这个约定，是木川姐提出的。她给了我们每人一条项链，如果遇到紧急情况，就把项链交给其他人带回地球，用一种最温柔的方式宣告自己的死亡。

　　时间在无声的悲痛中缓缓流逝。返航的铃声把我们带到无情的现实中。我们穿好宇航服，关掉基地的供氧系统，整理好必定会轰动世界的采样标本。在登上返程火箭之前，我们最后凝望了一次这个星球，这个"荧荧火光，离离乱惑"的星球，这个让木川姐长眠的星球，这个寄托着多少中国人美好寓意的星球。我们进入返回舱，执行我们四个在航天学院中练习过无数次的返程操作。

　　我们离这片暗红色的地面越来越远，离我们的家越来越近……

　　木川姐，我们带你回家，我们代你回家。

指导教师：朱思婕

# 火 星 一 日

◎王嘉实　张浩宸　张嘉硕　姜蘅芳

## 降　　落

今天是 2036 年 3 月 27 日，经过半年多的飞行，"天问二十号"飞船经过近一亿千米的航行与三次轨道修正后，终于到达了火星。飞船缓慢减速，轨道器分离（出去）进入轨道，等候我们归来。我在舷窗前出神地望着前方的火星。那便是人们几十年来梦想踏上的地方啊！

而今天人类，而且是中国人，将要首次踏上这颗未知的星球了！

飞船进入火星大气层，开始加速，带着一定过载，但明显比平时训练时小许多。呼啸声传来，窗外闪着耀眼的火光。距离地面几公里时，直径 30 米的主降落伞打开，猛地把我和两位伙伴向上拽去。离地面几十米处，强大的发动机"轰"地点火，让飞船慢慢落地。

我们穿上宇航服进入了小缓冲舱，四周的空气慢慢释放，舱门打开，我们几人带着兴奋的心情踏上了这块神秘的土地。

环顾四周，所谓景色，尽是茫茫沙漠。一阵风吹过，卷起的只是无尽的红色狂沙。天空在浮尘的影响下泛着浅红，太阳在浮尘造成的米氏散射作用下透着淡淡的蓝绿色。红色的天，红色的地，我们就在这一片红中，驾着巡视车从西奈高原东北角，向东北方向 200 公里外的水手大峡谷飞驰而去。四周，尽是狂沙、狂沙。但这个"沙漠之星"正是人类移民最适合的去处。

突然，尖锐的报警声响起，仪表盘上电压数值降得很低。我下车一看，太阳能板上已经覆盖了一层尘土。我取出小刷，轻轻将尘土拂掉，再次踏上旅程。

一个小时后，太阳系中最大的峡谷——长达 4500 多公里，最宽处达 600 公里，深度达 8 公里的水手大峡谷出现在我们眼前。从上空看，它就像火星的红色脸颊上的一块巨大伤疤，又宛如一道由天神劈开的裂隙。疾驰的巡视车缓缓停下，我和两名队友跳下了车。遥望着脚下的景色，红色的狂沙覆盖着整个峡谷，显得毫无生机。但由于这峡谷实在太宽太深了，望着它不像是望着峡谷，倒像是从高空俯瞰一片平原，无边无际，广袤无垠；像是面对大海，让我心中感到了无限的壮丽与澎湃；又像是到了世界尽头，令我从沙尘的压抑中透过气来，心胸无比开阔。这般景象，又为我对火星这个"千篇一律"的星球的记忆，增添了一抹亮丽的色彩。

# 考　　察

我和两位队友开始实地考察。仅 0.4g 的重力令我们即使穿上沉重的宇航服也行动自如。我们在这一片红色的荒原中走了大约 10 分钟，来到了大峡谷边缘较缓的坡地。两名队友计划留在浅层考察岩层，而我则拿出无人机，开始操控它进行高空探索。

无人机升空，我打开了它的全息影像拍摄功能。从高空俯瞰，这片太阳系中最大的峡谷粗糙不堪，无数条沟壑平行相接，横看是一道不可逾越的天险，纵看是与星空相接的一道漫长天梯。眼前所见的景象令我震撼不已，我不断地按动着全息相机的快门，将水手大峡谷的全景尽收眼底。又过了半个小时，我才从对峡谷的震撼中脱离出来，准备进行近地拍摄记录。

近地拍摄的过程并不顺利，大大小小的气流扬起沙尘对相机的拍摄产生了极大影响。1 个小时后，我们对火星地壳表层进行了深度扫描，还指挥无人机进行了岩石采样工作，钻取了深层岩石和谷底的岩石，任务基本完成。

我收起了遥控器，抬头看见天梯与星空相接的地方泛起一片橘红色，在遥远的天边弥散开来。我立刻提醒两名队友尽快完成收尾工作，以防备尘暴的到来。

无人机依旧在拍摄，记录着火星上的这场大尘暴。我和两名队友以最快的速度奔回了巡视车，随后急忙操纵着无人机，准备返回。然而尘暴愈发地逼近……

## 险　　情

黄沙漫漫，天昏地暗，日月无光。举目远望，风沙越刮越猛，仿佛万千种怪兽同时吼叫，真是狂风骤起，黄色所到之处海枯石烂，骄阳似火，残垣断壁，仿佛是生命的墓地。

我们没来得及将无人机收回，它还在那深深的峡谷中。遥控系统断开，传回的影像漆黑一片，无人机不知去向。我们疯了般驾驶巡视车朝飞船而去，但还是晚了，远处飞船上的摄像头影像在全息屏幕中出现，一大块岩石被风扰动了重心，从高高的岩壁上飞速下落，击中了飞船上的主氧气储备舱……100公斤的压缩氧气一瞬间散发到了火星大气中。按照剩余的氧气量，我们不得不抛弃那些宝贵的样本，迅速与轨道器对接……

这时，我突然想到了一个办法，那就是去更深的地方，寻找冰，然后把冰融化成水，再电解出氧气。我和一个队友拿出原来采集岩石的钻头，向地底钻去，又让另一个队友准备发射，以防万一。10米，20米，50米，100米……我突然摸到了光滑的表面，是冰！我们用最快的速度，把水电解成氧气。我们成功了！

把水中的氧气都转移到了飞船上面的备用高压密闭罐储存起来后，我的另一位队友继续寻找冰，来制造更多的氧气备用。我们彻底检查了一遍飞船，以防还有其他问题，又将情况发给了地面控制中心。

经过2个小时惊心动魄的抢修，氧气终于不再是问题。我们坐在舷窗边，望着窗外的沙尘，担忧着无人机上的数据和样本，忐忑地吃了一顿午餐。

# 归　　途

舷窗外，罕见的大型尘暴仍然肆虐着。"我们必须找回无人机！那里面的拍摄记录是无价之宝。"距离预定发射时间只有3个小时了，我们急得不知如何是好。

"可以根据定位仪器，确定无人机的位置，再出去寻找它。"一位队友建议。

"好，我们试试吧。"我很清楚，这是一个下策，定位仪器刚刚问世，没有实战经验，况且现在正刮着尘暴。如果成功连接，自然是好；可万一误连接到了飞船的主计算机，影响到其他重要仪器，我们很可能重困险境。

无论如何，只得一试了！我启动了定位仪器，三个人紧盯着屏幕，船舱中静得可怕，只有沙尘暴在飞船外肆无忌惮地呼呼作响。突然，无人机的精确位置在屏幕上显示出来，万幸，它挂在了一面岩壁上。我如释重负："它还'活着'！"我们再次驾驶着巡视车离开飞船。

巡视车载着我们来到了无人机所在的岩壁边上，我们拿出随身携带的便携望远镜，向这座岩壁下望去。无人机的设计师无意中竟帮了我们大忙：只见那架碧绿色的无人机倾斜着挂在岩壁上，和深红的岩石形成了鲜明对比。我赶忙拿出遥控器操控无人机飞上来，无人机徐徐升起，降落在我们脚前。我们仔细查看了它的"伤势"，除了摄像头上卡住了一块小石头外，它并没有什么大碍。我欣喜若狂，这架无人机拍下的水手大峡谷的全景、火星上罕见的尘暴，将被更多双眼睛看到！

我们驾驶着巡视车回到飞船中，开始执行这场火星之旅最后的任务——在这红色的星球上留下中国的足迹。将五星红旗郑重地插在飞船旁的红色沙土里，唱响《义勇军进行曲》，瞻仰着与火星一色的五星红旗，我们心中洋溢着自豪之情。"中国人，首次踏上了这颗人类向往已久的星球！"

　　我们一行三人依依不舍地回到"天问二十号"舱内，驾驶飞船踏上归途。回首，望着那面伫立在火星上的五星红旗，是景致，更是精神。

指导教师：熊良柏

# 极 限 文 明

◎王柳晴

3022 年 6 月 15 日傍晚，901 外星文明与地球的连接疑似受到干扰。

3022 年 6 月 16 日凌晨，901 外星文明向地球持续发射的信号终止，901 外星文明终止。

## 901 外星信号

3020 年 9 月 1 日，这是一个改变全人类命运的日子。

在这一天上午 10 点 12 分 57 秒，四川省眉山市临时建成的卫星地面接收站意外拦截了一组来自外太空的信号。这组信号的具体内容让接收站内的科学家们无法在短时间内破解，但据其中的一位科学家——刚刚从美国留洋回来的刘大树所说，信号的原定接收地应该是地壳的内部。

这一重要信息立即被逐层上报，为保证万无一失，政府很快暂停了"地心号"开凿地心隧道的计划。联合国迅速筛选了全世界范围内的杰出专家组建"901 外星信号研究组"，刘大树便在其中。

901 外星信号被列为机密，直至 3021 年 3 月 21 日地球第二次接到了源于同一地方发来的信号后才被公之于众。第二次的信号简单多了，相较于 901 信号半年还未被破解，这次，在 901 外星研究组的协助下，鄂尔斯克卫星地面接收站在 3 天内成功破解了信号的大致含义：

我意外的朋友，你好！很抱歉上次无端对你进行打扰！是的，我们即将去往太阳神（注：应该指宇宙）的最远端了！失礼地邀请你一起见证太阳神的极限！

PS：此处信号直译为古埃及文字

但奇怪的是，在这段信号后，这奇怪的文明几乎无间断地向地球发送着乱码一般不可被破译的文字，使众人疑惑不已。在 901 外星信号研究组首席专家 Abner 的提议下，鄂尔斯克同样用古埃及文向这文明发送信号：您好！

几分钟后得到回应：你也好！

鄂尔斯克接着发送：您在哪里？

得到回应：很抱歉！这之间的相对位置太复杂了，但你可以称我们的星系为耶尔……

之后，这个文明又持续地发送乱码。在站内人员的轮换监视下，35 小时后，又出现了一些古埃及文字，大致意思为：朋友，你一定感到意外，我们刚刚看到了你的星系。我们看到了你的恒星——太阳，它和我们的恒星一样美！

不久，研究人员再次汇聚一堂，由刘大树发问：这些乱码是什么？

之后收到回答：这是我们的文字，你不是答应了同我们一起见证文明的巅峰时刻吗？

之后，乱码仍在发送。

## 消失的行星

突然出现的外星文明让世界手忙脚乱。这时，"爱洛斯 2 号"从金星返航，带来了另一个令人大跌眼镜的消息：种种迹象表明，也许曾经有一种超高等文明存在于太阳系，它来源于一颗从金星和水星之间消失的星球。

一颗星球为什么会无故消失呢？有人推测它自爆后散落在了太阳系中，之后又被别的星球吸引。但一颗孕育高等文明的伟大行星是不会无故自爆的，就算是受到了小行星撞击或辐射的影响，想必也不会毫无痕迹地消失。更有人提出这颗行星也许飞向了别的地方，但这显然也是无稽之谈，它绝对无力对抗太阳的引力。

这时，地球收到了来自 901 文明的意外来信：你们发现了阿耳忒弥斯！这是我的老朋友了，我喜欢她的放荡和跳脱！

发问：请问她去往了何处？

收到回答：终点。

而这种文明存在的依据，只在于金星地表空气中飘浮着的一种在高温和硫酸中仍旧活跃的孢子。这一微小生物以不可思议的方式成为一种文明的载体，但又绝不属于金星。这种孢子存在的作用多半是帮助消失的未知文明做出自然选择，它似乎是通过往某种细菌中强硬编进 DNA 而形成。

通过对比它体内的基因序列，发现它与地球生命截然不同。它可以在一些温差极大的环境中生活，虽然人类并未探索过水星，但不排除贪心的高等文明想在那些地方留下足迹。只能说可惜，它最低只能在人类 100 摄氏度的恒温箱中保证活性。来自俄罗斯的金星专家大胆猜测这是高等文明在水星与金星中间选中了一个星球。

## 人 类 一 边

接到第二组外星信号后，联合国决定公开情报，但为了安抚人们的情绪，只是先联系一些出版社和营销号放出暧昧的图片和信息。这些信息一经传出，立马引起了人们的热烈讨论，甚至追捧。

随着自千禧年（注：这里指 3000 年）开始的科技高速发展，新一代血气方刚的青年人已经认定自己必将随着时代共进，成为发展中必不可少的组成部分，甚至永远鲜活于终将随时间而灰暗的历史中。

"人类是否即将与外星人开战？""震惊！这也许是人类称霸整个宇宙的第一步！""来自太空的神秘访客，是凶是吉？"……这类标题层出不穷，那些平日难以盈利的杂志此时红极一时，那些杂志的出版者、订阅者，无一不感到兴奋。

人的胆量和挑战欲是随着自信而来的，而强烈的自信来自日复一日的大环境的浸染。

但不乏人在高潮后出来唱唱反调，这些人早已冷静下来，他们客观地指出这一消息会为全人类带来哪些坏处，例如早已岌岌可危的地球环境是否会因战争造成二次伤害，全球经济是否会陷入危机，"地心号"的未发射是否与此有关，等等。

这让人紧张的消息足足吊了众人的胃口 20 余天。这 20 多天中，多数人对传闻早已忘却，不管是激情还是不安，统统丢去，听到别人谈论也不以为意。但总有些清闲者还"耿耿于怀"，例如 M 国的青年便以保护地球的名义在网上成立社区，讨论着在危难时一起干一番事业。虽然其中多数人只有 15～17 周岁，但颇受各地有志者追捧。而另一些人——或是选择自由职业决定享乐一生的青年，或是刚步入正轨也快进入中年的人，对这消息的不满是长存的，他们厌恶一切干扰他们美好生活的事物，他们的心智童真或许进入了第一个疲倦期，脆弱不堪。

## 逐 步 公 开

3021 年 4 月 15 日，官方的回应"虽迟但到"。大致为：从去年 9 月开始，我们陆续收到来自太空中其他文明的问候，它们也使用地球语言。目前已确认，这个文明高于我们但对地球文明绝无恶意，外星文明的存在并不会影响我们的日常生活。请各位放心，它确实一定程度上转移了我们对地心的注意力，之后地心项目会逐步重新启动，敬请期待！

这消息客观上或许是乐观的，它远比传闻安全许多，但人们的心却因此又提了起来。

不会影响日常生活又为什么特意告知呢？一些人选择装傻安心生活，一些人则不断提问。但地球依旧转着，随着官方声明发出，飞速建成的901外星文明基地在中国内蒙古北部竣工了。这里离鄂尔斯克稍远，人烟稀少，环境恰适。各国对901基地非常重视，毫不吝啬地派出了各类专家。中国作为团队主力，派出了以刘大树为首的20人团队，覆盖基地各个部门。

舆论慢慢风平浪静，基地建设的最后一批设备要搬进的前一天，一个来自R国的小型杂志社刊发了一篇让所有人措手不及的文章——《外星文明竟持续与E国保持联络！与外星的交好：这是我们的开始还是结束?》。这篇文章诡异地受到了不凡的重视，似乎像几度受热的炸弹终于爆炸，火势迅速地蔓延。人们终于忘记遮掩自己的情绪，网上遍布着对外星的好奇、对政府的讽刺、对其他文明的幻想、对地球毁灭的预言，甚至还有人扒出了上上世纪关于外星飞船的诡异新闻和年代久远的星球大战影片。有些人仿佛在模仿上世纪的游行，举着征服外星人的宣言旗帜走上大街、拿着纸牌在各国中央部门前徘徊，过激者盲目地在E国大使馆前吵闹，谩骂。

5月3日，各国开始对这些行为进行暴力镇压。

次年1月23日，联合国发布公告，大意是：据多国联合研究发现，我们所认知的宇宙可以分为基本宇宙与高级宇宙。当文明到达一定层次，地球也将进入高级宇宙，但我们始终无法知道这意味着什么。灾难？或是全新美好的世界？专家断定我们离基本宇宙的终点越来越近，这同样意味着高级宇宙的大门正在向我们打开！

又一次震惊四座，人们的反应依旧两极分化，营销号甚至发布投票：是为了宇宙真相放手一搏，还是为了地球稳定繁荣而选择保守停滞？

联合国大会最终决定了今后至少 20 年的发展方向——稳定保守。

## 终　　点

阿耳忒弥斯的研究没有进展。人们不断地发掘新线索，但它们都只能让我们更加笃定，阿耳忒弥斯的位置就在金星和水星之间。

现有阿耳忒弥斯的线索：

1．位置（上述）

2．上居最高等生物为由 8 根锥形的 "脚" 行走的硅基生物

3．最高等文明出现时间在公元前 120 年左右

4．星球恒温 523 摄氏度左右

不可否认，至今对于这颗行星的了解都太依靠 901 文明的消息了。这是比未知更恐怖的事情，也是人类最终决定暂停研究阿耳忒弥斯的原因之一。

但接下来 901 文明发来的一句话则成为人类改变主意的关键：朋友！我看到你们的科技发生了停滞！你们居然失去

了对阿耳忒弥斯的兴趣，这是太阳神下最可悲的事情！太长久的文明永远无法去往终点，那是只有勇敢者才能到达的地方。

刘大树第一个对 901 两次提到的"终点"产生了兴趣：终点是指什么？

过了很久，901 也没有答复。

刘大树：朋友，你在吗？

901 答：在。

901：终点是每一个文明向往的地方，我们都为了去到那里不惜一切代价。我们将搭乘宇宙的电梯去往那里，光速前进，那是我们新的开始，也是每一个文明的归宿。宇宙是多层的，我们都会一层层走向它的顶峰，但你们不会。阿耳忒弥斯的全员为了终点不顾一切，每位都可谓呕心沥血，所以它是我们中第一个走向终点的，我敬佩它。你们则是特殊的，想必你们是这层宇宙中时间最久的吧，将地球带到这层宇宙的贡献者已经不知所终，而你们无视他们的努力，永远地留在这里，将近 3 万年的时间。你们的文明发展超时了，早已失去活性，根本无法到达终点。但幸运的是我发现了你们，你们又慢慢恢复了可爱的活力。你们绝对没有必要担心我的初衷，所有文明都应该互相帮助促进，你们大可以依赖着我，请继续前进！

刘大树又一次发问：到底怎样才能到达终点？

901 回答：这是一个难以回答的问题，因为我们在不久的将来才会迎来第一次，但我认为这可能只是源于一句话或脑中一个单纯的想法。

这番话鼓动了这群追求真相的科学家，他们将其层层上报希望得到高层许可重启研究。他们静静等待了半个月，但请求最终被无情驳回。社会的安定，才是大过于天的。

一天后，901又发来了消息：亲爱的朋友！我为你们感到惋惜。但你们必须加速了，地球内部的文明发展已经进入超快加速阶段。如果以后它带动地球到达了终点，你们就会灰飞烟灭。

## 到　　达

科学家们的研究如火如荼，刘大树更是住在了基地里。一次，连续通宵工作的刘大树终于睡了一觉，醒来后，他突然感到空虚，走到计算机前坐下和901聊天，问道：地心文明如今的进展如何呢？

901答：上次我向你们提起时，他们中有人第一次向另一个臣服；就在刚刚，他们中的一些人以独创的方式将生育奉为了神。

刘大树听着回答愣了一会儿，又笑笑。

又过了几个月，研究很艰难，刘大树迷上了在休息时与901聊天。6月15日傍晚，楼内的众人已经去享用晚餐了，刘大树仍在和901聊天。

901忽然说：说实话，我有些想念阿耳忒弥斯。

刘大树：终点也是一种消失吧。

901没有答复，只发送着乱码，刘大树刚想再发一句"抱歉，也许我的认识太浅薄了"，901 发送的乱码却骤停。

刘大树睁大眼睛紧盯屏幕，几分钟后，还是没有出现任何文字。很快，更多的工作人员围了过来，换了一部又一部计算机，越来越多的人在围观，刘大树在人群中竟慢慢睡了过去。

刘大树做了一个梦，他曾经住的孤儿院里有一个小女孩儿，她从小拎着一个塑料袋，里面装着十几个积木，她每天把积木拼上再拆开。有一天，她拼了一个美丽的图案，两天都不舍得拆掉，但第三天她还是拆开了积木，要不然她就没得玩了。她拼的图案越发好看，但那些图案在被创造出来的时候，就已经预示了它们终将毁灭的结局。不，已经在走向毁灭。

梦醒了，刘大树发现自己不知何时躺在了休息室的沙发上。他坐起来，脑袋空荡荡的，他突然不关注 901 了，他甚至没有去问 901 的情况，他只愣愣地想：所以终点是毁灭吗？

突然，海水冲破了休息室的玻璃，大楼坍塌，海水结冰，这一切只在一瞬间。一瞬间，地球变成了一块冰，像一道蓝光一样冲破太阳的束缚，到达宇宙的最边缘。这是任何能量都无法捕捉的，地球以光速消失了。

这一瞬间后，月亮沿着一个看不见的中心一圈圈诡异地转着，太阳的光亮照常洒在那些被日复一日赋予阳光的地方。而地球随着宇宙的不断扩大越发偏离宇宙的中心，地球上的刘大树一动不动地坐在那里，旁边的茶几上放着同事为他倒的已经变成坚冰的一杯水。

地球，到达了文明的终点，但被残酷的宇宙法则遭到了宇宙最偏远的地方，它终将随着宇宙膨胀而离曾经的一切远去。

而多层的、有巅峰的宇宙，继续留在那些依旧"活"的文明里。

## 最终：地球

3022 年 6 月 16 日上午，地球文明终止。

**END.**

后记：此后还有无数的行星这样走向"END"，他们多数充满幻想，年轻美好，他们永恒追求着终将由自己所识的真相，日复一日！

指导教师：王　杨

# 我终于回来了

◎叶礼思齐

　　36 亿年前的一次细胞分裂成就了我表面的绚烂，500 万年前的一次进化却使我生灵涂炭。我的血液被硬生生地从体内抽出，皮肤被撬开，身体被洞穿……

　　我常常问自己，为什么一直容忍他们到如此地步。是母亲对新生孩童的怜爱吗？毕竟他们存在的岁月在我的生命里也不过是一瞬。可是我怀抱里的难道只有他们吗？其他的生命难道不重要吗？

　　我做错了选择，所以在 52 亿年前，以一次震动太阳系的爆炸从宇宙中消失了。

　　人类曾经渺小过，出于对生命的怜爱我并没有将其扼杀在摇篮中；人类强大过，却出于对自己的"疼爱"而毁灭了我这个对他们再无利用价值的星球。

　　而当半人马座的恒星再次绕过银河系中心时，我苏醒了。

　　这漫长的时光里，我都以宇宙尘埃的形式存在着。我积蓄着力量，隐忍着无数文明对我的无视和践踏，只为今天的苏醒。

根据我的推论，太阳系的恒星在今日前半段会凝缩成"白矮星"，随后因为银河系的引力，受"弹弓效应"的影响，飞向无边的宇宙。其他的行星则会因为引力突然的消失而四处乱飞。土星和水星会相互碰撞，产生的振动波将会把我的一粒粒尘埃卷入撞击范围。此时，我需要融合进两行星相撞的混沌中，获得新生。

　　随着太阳泛起白光，我的苏醒之路开始了。

　　宇宙是寂静的，只能利用宇宙边缘微薄的光芒观察太阳系里发生的一切。太阳变了，赤红色的火球在一瞬间便褪去了表壳和燃料，只留下暗暗发光的内壳。

　　我此时回想起了人类在挖穿我的地心时，面目上的喜悦和痴迷。我发现我还是不能对人类产生哪怕一丁点儿的厌恶之情，原因我并不知道。

　　过了不知多久，太阳的内核忽然一颤，我知道，重头戏开始了。

　　太阳内核仿佛被一股无形之力"扇"飞了，它以超光速30倍的极速冲出太阳系，仅仅花费了10秒不到。一个个行星如同一只只穿在绳子上的蚂蚱，不断地扑腾着，却无缚鸡之力，只得两两相撞。

　　无数个我被击飞了，虽然意识还在，却又如同陷入混沌之中，丝毫不知外界发生了什么。

　　我知道，我又要沉睡了。

　　此时，距离那个被炸裂的夜晚已然过去了200亿年。再睁开眼睛的那一刻，仿佛看到了过去，却又是现在；仿佛看到了美好，却又似毁灭前的安宁。我知道这并不是"地球"，而是一个全新的我，一个和地球相似的我。我的表面还是生机盎然，却不再是我所熟悉的植物、动物和"人类"。我怀里的生命正在进化，如同那个236亿年前的星球……

我，终于回来了。

指导教师：王　允

# 我、星星与故事

◎ 商熙政

## 年　月　日　　联合国——基地

终于又能写日记了，跟孩子们说了好久，他们才肯为我找这张纸，这个时代的纸也这么少见了啊。哦，对了！没有写日期是因为孩子们给我准备的……额……终端，太难用了！我操作了半天也没能调出时间。回基地时听一个孩子嘀咕，说这已经是最简单的操作系统了。这么好的故事，不能写上日期实在是有些可惜。唉，这个时代对我们这些老家伙太不友好了，我这个时区的人都无法适应，真不知道伽利略那帮老家伙该怎么适应。

今天是个值得记录的日子——我的生日，或者说，我的第二生日。今天发生了很多故事，我尽量用叙事的顺序写下来，方便以后查看，哦，还有什么以后呢……

我醒来是在早上。当我那沉睡的记忆再次醒来时，一个个崭新的脑细胞传送着一串串古老的电信号，如同一片漆黑的宇宙，渐渐地亮起星光。第一眼，我只看到了一面白墙，洁净得

· 158 ·

有些怪异。这种感觉后来也成为我对这个时代的印象。可能是新眼镜不太适应吧，过了好久，我才看到我周围的那些"机器"。虽然和蒸汽机一点儿也不像，但我们也只能这么称呼它们了。

这时，一个穿白大褂的人冲了进来，二话不说就对着我喊："出来！"没等我做什么，他就紧接着大叫，"给我出来！摆什么架子，你们这些大人物真都一个样儿！你们都是我造的，就应该听我的！你们这帮忘恩负义的家伙，杂种！天打雷劈！我……"说到这里，外面冲进来几个保安，推推搡搡地把他带了出去，我听到他还在不停地骂着什么。这时，另一个孩子走过来。"阿尔伯特博士，哦，请允许我再次这样称呼您，请跟我出去走走，我来跟您解释一下。"他对我说。

我们来到大街上，出乎意料地，这个时代的建筑密度比我们那时的普林斯顿还低，路边满是密集的植被，大多我都叫不上名字。那孩子跟我费了好大的劲儿才解释明白他们的目的。

群星计划是由联合国开展的新计划。在新时代，人类在物理学层面似乎已经达到了瓶颈。在建设出离子对撞机，消耗了大量能源，进行了少得可怜的几次实验后，科学家们发现他们根本观测不到任何现象，那些质子们就像是消失了一样。这一度令整个科学界陷入了绝望，许多顶尖的科学家为此自杀了。当时学术界流传着一句十分著名的话："物理学终于走上了它自己的十字架。"

这时，心理学界与生物学界带来了新的希望。心理学教授高尔·艾柯希（Galaxy）通过研究 DNA 与行为判断的关系，成功实现了从一个人经历的事件以及那时他所做出的行为，精准地还原出其基因链。

于是，群星计划开始了，人们想通过研究历史中人们的行为，还原他们的基因，从而将其再生。联合国挑选了一个特殊的地方——我们现在所在的地方，作为群星计划的基地。

"一开始基地只是进行了初步建造，"那孩子对我说，"只是为了先进行小批量的实验，成功之后才继续开展环境的改造和扩建。所以，我们第一批再生的其实是一些建筑和基因学家。"我们来到一个高地，山顶有个雕像，这时太阳正好落到山峰后面，那雕像仿佛是被裹上了一层乳白色的薄膜，闪烁着希望的光芒。"史蒂芬·霍金，"他说，"群星计划的开创者，唯一一个没有接受再生的科学家。"我站在这雕像前，看着那位坐在轮椅上的天才，不知怎的，心头突然涌起一阵悲凉。还没等我仔细思考这情感的来源，那孩子就打断了我的思绪。此时，我们已来到山顶。脚下，平原上一片片如碎石一般的屋舍散布着，太阳在地平线缓缓落下，被环形山遮挡，那些房屋的影子慢慢拉长，我莫名地想起童年时拉过的一首小提琴曲。就在这时，基地的科学家——那个孩子，缓缓地转过身来，"欢迎来到月球基地，博士！"他笑了笑，接着说，"真的是在群星之中，我有预感，这里一定会是个有故事的地方。"

之后，他带我参观了基地，即使我理解这些东西仍十分困难，但他还是耐心地为我讲解每一种设备的功能。那种奇怪的悲哀感再次涌上我的心头，霍金夕阳下的身影在脑海里时隐时现，我渐渐意识到，这个使命也许并不像我想象的那样充满希望。这时，走在前面的他指向面前的平原，"那就是粒子对撞机，我们管它叫……爱因斯坦赤道。"我沉默着，没有回答。远处的平原上，一排泛着金属光泽的管道在月球特有的白色光芒下闪闪发光，直通到环形山后看不见的地方。这里没种什么植物，是月球基地为数不多略显荒凉的地方。沙尘在空中飞舞，风卷起乱石，在地面上滚个不停。爱因斯坦赤道边，一群人正在夕阳下站立着，那是一群现代科学家，他们脸上没有露出过多的情绪，眼中没有一点儿光，如同暗淡的群星，只有一种疲惫的麻木。我看到，远处几个人还在缓缓走来。"与你同批的。"那孩子淡淡地说。在这个地方，现代的所有科学家都失去了光彩，这是他们永远的阴影。科学家们渐渐汇聚在一起，现代与古代人类文明中最富有智慧的一群人聚在了一起。

在现代科学家的队伍中，为首的是现任联合国秘书长克里斯，他似乎是这些死气沉沉的科学家中唯一有生机的存在，即使他的表情如同冰山一般。

"情况你们都了解了，"克里斯说，"现在，人类急需你们再次绽放光芒。"这时，远处一个声音传来："我不同意！"循声望去。啊！是爱迪生。他的电影放映机给我留下了深刻的印象。"我们已经做了自己该做的事，现在这个时代是属于你们的，应该由你们自己去创造历史！"克里斯仍然保持着冷静的态度："爱迪生先生，您说的道理我们都明白，可是现代科学已经来到了它的瓶颈，不可能再前进了。"又有一个人站出来，冷哼一声："哼！他们发明蒸汽机时也是这么想的，以为自己获得了上帝的力量。结果呢？还不是被电超越。"秘书长仍然面不改色："特斯拉先生，现在人类面对的困难与以往都不同，这次，我们真的无法再靠自己的力量解决了。"接着，又有几个古代科学家站出来反驳。哦！当然，也有一些人偷偷站进了现代科学家的队伍。克里斯的脸更僵硬了，眼皮耷拉下来，愈发吓人。

现在，任谁都能感觉到，两边的气氛正在不断僵化。一旁，副秘书长和几个科学家直给我递眼色，想必是觉得我比较有发言权吧。于是，我站了出来，"各位，我想我们彼此都需要一些思考的时间。"场内瞬间安静了下来，现代科学家们都向我这边看了看，对上我的目光后又立刻移向别处，好像被灼伤了似的。"好吧好吧……"克里斯冰山一般的脸上难得露出了一丝疲惫，他挥了挥手，示意大家解散。

回到基地的宿舍，我摆弄着手中精巧的小终端。桌边，一把小提琴与周围的环境格格不入。看着周围一尘不染的白墙，窗外，皎洁的光亮轻轻洒在我的身上，洒在这本日记上，也洒在我的小提琴上。良久，我才反应过来这不可能是月光，随即转身，举起了小提琴，拉了起来。

这是德彪西的《月光》，淡雅的旋律响起，我感到故乡的月光再次洒在了我的身上。我想起了在米兰的旧家，地板上淡淡的松香；想起了瑞士母校中一个个忙碌的身影，同学们略显疲惫但不断迸发出希望的目光；想起在洪堡大学当教授的时候，窗外时不时传来的夜莺婉转的曲调……乐曲继续进行，我的脑海中，出现了一片虚无，真正意义上的虚无，没有空间，没有时间，没有声音，甚至没有颜色。然后，出现了所有线的源头——点。随即，点炸开了，变成了一条线，空间以近光速扩大，线所影响的范围也开始变大。接着，产生了所谓的个体，一些微小的分子、原子、电子们最先被线串联，它们随着乐曲聚集，旋转，运动，变化……这时，乐曲结束了。我难得地有了一点儿恋恋不舍的感觉。

放下小提琴，我缓缓地抬起头，看向星空。夜空中，一颗星星突然迸发出夺目的光芒，近乎要把整个天空点亮，可它又同样突然地暗淡下去。我正为这星星感到一丝惋惜，天空的一角，又一颗星星吸引了我。这星星似乎比刚才那一颗更加明亮，光芒如同一道闪电般照进我的心里。这时，霍金的背影、研究院疯狂的嘶吼、秘书长冰冷的眼神……在我的脑海中交织、缠绕、扭曲，直到这一束光的出现，这一切才变得无比清晰。星星又暗下去了，但我眼中的星变得明亮起来。随即，我再次拿起那把小提琴，又拉了起来。

蒸汽机的发明是困难的，但我们挺过来了；电的普及是困难的，但我们还是挺过来了；走向宇宙是困难的，但是我们仍然挺过来了……人类从树上跳下来的那一刻起，就从来没有躲过困难，如同在漫天大雪中独行，在无边大海中远航。我们是怎么做到的？我想，现在我有了答案。

因为有星星。

人们闪耀着，绽放出属于自己的光芒，然后带着光芒飞上去，变成无边星海中暗淡的一点。

孩子们，可惜吗？可怕吗？可悲吗？

不，因为星星一直都在那里，无论如何，我们的内心，我们的文明，我们的前路，我们的故事，永远都被星星暗淡而又闪耀的光点亮着。

我的故事写完了，接下来，就是你们的故事了。我这颗星星啊，终于要回到群星之中了。

孩子们，当你们迷茫无助的时候，就抬头看看吧。

我们一直都在这里。

致联合国秘书长克里斯，我想我们都已经想好了。

Albert Einstein

指导教师：王　杨

# 宇宙监听者 M2022

◎吕般若

今天是我工作的第一天。我是宇宙监听者 M2022，我的工作就是监听这个神秘的宇宙。打开与前辈交流的通信装置，我恭敬地等待着。

"你好，我是宇宙监听者 M2021，我代表 M 系及其全体智慧生物欢迎你的到来！"前辈的声音与样貌投射到我的身前。"前辈好！"我晃动触角与其交流。"接下来的时间我会带你进入我的记忆，并向你展示你的工作，你可以随时提问。"一个银色的斜面突然出现并穿过了我的身体，我进入四维空间。

"欢迎！"前辈的声音从一个模样怪异的生物中传出来。"碳基生物，人类"，记忆显示出这些生涩的词。"这是四维空间，三维的世界现在不会被影响。顺便说一句，你现在是个少年——地球人的幼年形态。"前辈看到我好奇地探查自己的身体，向我解释道。"M 系中有一个文明叫地球文明，在重点保护区内，你的任务便是监听这个文明一个地球年，并保证文明的安全与发展。来，进入记忆了！"画面开始转变。

2021 年年初，街上行人匆匆，但都戴着口罩。"那是 2019 年年末的事了，一种叫病毒的尘粒会致人类死亡。"前辈轻声说道。尘粒就能致死？人类也太脆弱了吧？我不禁有些诧异。"他们发展到什么时代了？""信息时代。""啊？"我震惊极了，不禁脱口而出，"这个文明不过如此嘛，为什么在重点保护区内呢？"前辈似乎没听见。

　　画面还在继续。"停！这是什么？为什么突然那么热闹了？"我指向那个挂得到处都是的红色球体。"那是灯笼，是一个古老的国家——中国过春节时用来庆祝的。"前辈温柔地说着。画面继续，我看见人们拥抱在一起，看见烟花绽放、鞭炮炸响……我好像隐隐明白前辈脸上的温柔从何而来了。记忆持续翻涌，我看见春的温暖、夏的绚烂、秋的静美、冬的沉寂……人们中间还有分类，比如教师——传授知识与文化，医生——救死扶伤，消防员——救火与各种高空作业……这些职业在我看来虽然体现了地球文明的落后，但看见他们为了世界更美好而努力工作，甚至甘愿付出生命时，我被感动了。

　　"你知道吗？这样一个文明，它只发展了不到一个 M 系时间，它的文明价值比你所看见的还要高。"前辈望着画面有些伤感地说。画面上是西方的圣诞节，人们在家中团聚。"好好完成你的工作，你会发现这个文明，远比你想象得伟大，值得你敬佩。"

　　话毕，画面静止：2021 年 12 月 31 日 59 分 59 秒。

　　我从四维空间回到三维空间，时间继续。2021（2022）年 12（1）月 31（1）日 24（零）点整。这一秒，我与前辈共同望着地球，静听世界的呼吸声。

须知参差多态，乃是幸福的本源。

我们的故事，才刚刚开始。我对这个世界说。

指导教师：陈　星

# 母亲需要我

◎ 黄文琛

我睁开眼，望着杰西卡。从今以后，她就是我的母亲。

"您好，妈妈。"

"你……好，你叫杰夫，对吧？"

"是的，妈妈。带我看看这个家，好吗？"

"好的，儿……子。"她用略带哭腔的声音回答，并牵起了我伸向她的手。

一个多月来，我尽量像孩子一样不断地提问，对诸事保持好奇，这样才不会让人感觉我是机器人。尽管我看起来和杰夫完全一样。

"杰夫，来吃早饭。"我被妈妈唤醒后走向餐桌，她给我倒了一杯牛奶。"我想吃个煎蛋。"子程序提醒我：杰夫喜欢煎蛋。"正在煎，宝贝。"这是个好现象，说明妈妈越来越适应我了，有时甚至真把我当成了已经死去的杰夫。

一天，我发现柜子上放着一块被玻璃罩罩着的金色怀表，我记起妈妈曾多次拿着这块怀表，对它十分珍爱。如果能看看这块对妈妈很重要的怀表，也许能更好地了解她。

柜子比我高，我使劲跳了一下，用手抓到了玻璃罩，再向外拉……但光滑的玻璃让怀表和玻璃罩一起脱手而出。快接住！我的系统警铃大响。可怀表还是和玻璃罩一起摔在了地上。正在做饭的妈妈听到声响赶了过来。

"你做了什么！"她很生气，"这是杰夫用零花钱给我买的生日礼物。你却把它……"我知道妈妈所说的杰夫不是指我。我低着头，默默地站在原地。"它是杰夫留给我的……最后的东西了……"妈妈把自己关进了房间。我猜她可能去打售后电话，要把我退回去了。我让妈妈很伤心，这有违我存在的初衷。我想我必须做点儿什么。

我小心地捡起那块摔碎的怀表。表盖碎了，有个小齿轮也变形了，还有两颗小钉子丢失了。如果我能在身上找到相同的零件替换，是可以修好的，这样好歹可以为我的过失做些补偿。我打开自己胸腹处的盖板搜寻着，小钉子我有，拆下来。我又在头部找到一片大小与表盖近似的玻璃。最后是心脏处的一个小齿轮，大小正好一样。现在我的左眼只能看到一丝光，也没有了方向感，但这块怀表修好了。

妈妈突然推开门走了出来。我没来得及把表藏好。她看着连盖板都没关上的我，还有地上的一大堆零件，仿佛明白了什么，泪水如断线的珍珠流淌而下。

"你把它修好了？""妈妈别哭了，我是不是不像杰夫了……又摔坏了这么重要的东西。""不，你太像他了，比杰夫还像杰夫。他还在的时候，也是这样的，总是不惜一切地去修好自己不小心摔坏的东西。"

我走向妈妈，轻轻抱住了她。"我会被退回去吗?""我可从来没这么想过。""那我们吃饭吧，好吗?""我想，也许我们得先把你修好，就像你修好那块表一样。"

指导教师：王黛薇

# 小棍的一天

◎李沐飞

这是个异想"太空"开的故事，我为这个题材想了很久。先介绍一下主人公吧。

小棍，二维世界的一名中学生。他每天跟我一样，上学，写作业，玩游戏……也许他真的存在呢？但我们（包括我这个写他的人）永远都不知道。下面，让我们跟他一起，看看二维世界中的一天吧。

早上起来，小棍打了个哈欠，开始洗脸刷牙。不知道为什么，他觉得今天似乎很重要。吃过早饭后（当然是二维的），他走出家门，准备去上学。

他家住在 C 国右城的 102 层。（注：由于二维世界只有上下左右四个方向，想要跨过一栋楼可不容易，所以，城市只能往上建，造很多层，才不会影响交通。当然，小棍的世界科技很发达，有能力这么做。）他乘坐电梯来到街道层（向左），但他下错了电梯，到了汽车层，开始往学校走去。突然，一辆车向他冲来。他急忙开启书包上的推进器向上一跳，才没被撞上。车主刹住车，赶忙下来问他："你没事吧？对不起。""没事。"说完他继续往前走。一边庆幸自己反应够快，一边自言自语："这层怎么会有汽车呢？不会下错电梯了吧。"哎呀，还真是下错了。算了，来不及回电梯了，飞着去学校吧。他开启推进器，向着学校飞去。（注：二维世界人人都有推进器，因为飞行可以走直线，是点到点之间最快的移动方式，只不过这种方式会消耗太多能量，所以只作为应急使用。）

今天的第一节课是地理。老师问大家："我们生活在什么上？""地圆！"小棍举手说。"正确！"老师表扬道。"地图上指向标的作用是什么？""指示地图上哪边是上。""正确！三级行政区都是哪三个？""国，城，层。""正确！"随后老师开始教大家如何绘制城市图。下了课，小棍向上飞了四米，到达了语文教室，准备上第二节课。

语文课上，老师教大家练习写"点线字"（注：因为二维世界中的字只能是一维的，才能写在二维纸上），又请大家一起背诵《世界是个圆》这首诗。小棍学习很好，很快就把它背了下来。他满脑子都是：点点线点线，点线波浪线……他把这些写在了笔记上，准备晚上复习。

晚上回到家，写完了作业的小棍躺在床上。他觉得今天很充实，很快乐。但他仍有一种无法形容的感觉。是什么呢？模模糊糊，有点儿说不清……算了，睡觉吧，再背背《世界是个圆》，明天老师说要默写的。点点线点线，点线波浪线……

在睡梦中，他奇怪地变成了一位发明家，研发出一种能穿越三维空间的机器。其实在他世界中的科学家，已经通过计算发现了一个类似于平行宇宙的其他二维空间。但这只是理论，从没有人知道那些二维空间会是什么样子。小棍很想去看看，因为好奇心使然，他想在另一个世界探索一番，看看这个世界到底有多大，有什么不同……但是自打他有了这个梦想后，就一直有一种说不清、道不明的奇怪感觉。

只是他不知道，这种奇怪的感觉，可能来自一个三维人的注视，以及对他梦境的植入……

指导教师：张蓉芳

# 食盐，你去哪儿了？

◎洪梓轩

在日常生活中，我们经常会看到，炖汤时，人们会在汤中放一点儿食盐提味；吃菠萝时，人们会将削好的菠萝放入食盐水中浸泡，让它变得更加美味……这些时候，你是否发现，当将食盐固体撒入水中时，食盐固体居然神奇地消失了！它去哪儿了呢？

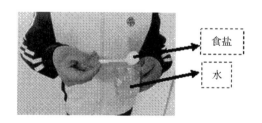

食盐，你去哪儿了？

首先，我们先从主角食盐开始说起。食盐，它的主要成分是氯化钠（化学式为 NaCl），颜色纯洁透明或不透明，味咸。从微观组成来看，它是由钠离子和氯离子构成的。它的形成过程如下页左图所示。

其次，我们再来说说配角——水（化学式为 $H_2O$）。它是由水分子构成的，结构图如下页右图所示。

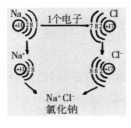

氯化钠的形成过程

水分子的模型

那么，当主角和配角共同"上场"时，一场好戏就开始了。

当氯化钠碰见水的一刹那，好似动了心，从外界获得能量，向外展开，发生了扩散的过程。钠离子和氯离子受到水分子的作用，向水中扩散，让其仿佛看见"自我的魅力"。过了几秒，它们又开始相互结合，发生了水合的过程。钠离子、氯离子分别和水分子结合，形成水合钠离子和水合氯离子。它们紧紧地抱住对方，并释放能量，展现着对彼此的"热情"。从主角和配角的最初碰面，到最后他们交融在一起的密不可分，我们把这个过程称为溶解。

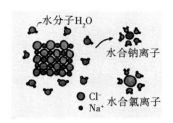

水分子H₂O

水合钠离子

Cl⁻
Na⁺  水合氯离子

溶解的过程

　　但是，这场大戏，如果主角和配角在溶解过程中，食盐的含量过多，也许就会出现一些异样的"表演"了。这时，水中溶解的食盐达到了饱和状态，导致部分食盐不能溶于水，我们会看到有沉淀物产生。

食盐加多了，溶解不了

　　同学们，你现在明白，食盐，它去哪儿了吗？

指导教师：张蓉芳

# 为什么冬天镜片上会起白雾？

◎刘　双

一到冬天，戴着口罩和眼镜的同学，可能就会和我一样，遇到这样的烦恼：镜片上蒙起一层白雾。为什么每到冬天镜片上总会起白雾呢？为了找到答案，我开启了探索求证之旅。

通过物理课的学习，我知道了生活中有三种常见的物质形态：固态、液态和气态。而"白雾"就是由气态变为液态所产生的，这个物态变化过程就叫作液化。

我们以水来举例子，水有三种形态：固态为冰，液态为水，气态为水蒸气。大家都知道，在标准大气压下，冰融化的温度是 $0°C$，将冰的温度升高，使它融化后便成了水。而水的温度升高至 $100°C$ 后，继续吸收热量就会沸腾，沸腾后就汽化为水蒸气。同理，在标准大气压下，水的温度降到 $0°C$ 以下并继续释放热量就会凝固成冰，而水蒸气的温度迅速降低后就会液化变成液态的小水滴。这个液化出来的小水滴，就是"白雾"。

由此，我尝试进行一个小实验。已知白雾是液化出的小水滴，而液化的条件是水蒸气遇冷。我以一小块玻璃来模拟镜片，放到冰箱里来模拟寒冷的环境。玻璃在一段时间后变冷，我哈出一口热气，那热气肉眼可见地变成了"白雾"，附着在了玻璃上。这就是液化的过程。拿出玻璃，手一抹，就能感觉到手指的湿润，这就是液化所形成的小水滴。如此一来，"为什么每到冬天镜片上会起白雾"这个问题也就迎刃而解了。

在生活中，为了预防流感，我们会戴口罩。但冬天气温较低，空气较为寒冷，我们呼出的空气会从口罩的缝隙漏出去，与镜片内侧碰撞。气体中的水蒸气充分遇冷，开始液化，最终变为小水滴，附着在镜面上，这也就是那干扰同学们视线的"白雾"啦！

小小的实验，浅浅地探索，却让我感受到了物质世界的奇妙。我要睁大双眼，仔细观察，去发现更多的问题，探寻更多的奥秘！

指导教师：李晓波

# 为什么桂花是香的？而白果是臭的？

◎张奥妮

试想，你走在大街上经过几棵桂花树时，空气中散发着浓郁的香味儿，即使走出好远，周遭还充盈着花香。然而，如果此时你踩到了几颗白果，那么一股恶臭与芳香的交融体便会在你鼻腔中晕开，让你不禁一阵干呕了。

为什么同样是植物，桂花与白果的气味有如此之大的差别呢？也许你会说，让我感到舒服的就是香，不适的就是臭啊！显然，这是我们主观上的臆断。从根本上来讲，导致香与臭两种气味完全相反的因素究竟是什么呢？怀着疑问，我开始了探究。

我从楼下的花园里捡回几个白果，纵向剖开，寻找散发臭味的部位——种子，果肉，还是外果皮？我仔细嗅了嗅，发现臭味是源于外果皮。随后，我找到几朵桂花，很轻易地就辨别出它的芳香是从花瓣中散发出来的。

老师告诉我，生活中有各种各样的气味——花香、木香、果香、腐败臭、葱蒜臭等。这些截然不同的气味会带给我们不同的感受，但它们都具有同一种化学物质——吲哚。这是一种集芳香与恶臭于一身的"双面侠"，既存在于普通鲜花之中，也存在于每个人的粪便之中。

怀着浓厚的兴趣，我查阅了化学期刊，了解到吲哚属于芳香杂环有机化合物，吲哚的浓度决定了香与臭。茉莉花香非常受人喜欢，它的化学成分十分复杂，其中有种相当重要的有机化合物就是吲哚。如果将吲哚这种成分从花中去除，花香将变得淡而无味。

越香的物质吲哚浓度越高吗？事实恰恰相反。花朵中吲哚的实际含量是极少的，通常在 0.3% 以下。如果向香水里大量增加吲哚，那可就画蛇添足了，因为浓度过高的香味就会变成"便便"的臭味。有个英国人就用自己的"便便"、皮脂等作为原料，高度稀释，制作了一款香水！

现在你明白了吧，白果之所以臭是因为它所含的吲哚浓度高，桂花香的原理则反之。这吲哚之中所谓香与臭的关系实属微妙，它们实际上是可以互相转换的。原来香到极致就是臭啊！

指导教师：李硕棠

# 校园里的植物

◎孙婧涵

　　四月春光正当时，那枝头上的晚霞就是"海棠依旧"吧？远远望过去，佑贞楼前满树的海棠花，如轻云一般。

　　凑近，每一枝海棠都像一支完美的"簪子"。它是伞形总状花序，有花4～7朵，并集生于小枝顶端。朵朵的花挤在鲜绿的叶间，花瓣层层叠叠，胭脂似的淡粉被随意涂抹在花瓣各处，添了一层明艳。它的花瓣近圆形或长椭圆形，像水滴。金色的花蕊自花深处伸出，柔软纤细，末端缀着如珠般的一点红。海棠的叶子虽不如花朵惹眼，但也有自己的风格。嫩叶长2.5～5厘米，成叶长5～10厘米。叶子呈椭圆形，叶片边缘

椭圆形

扁圆水滴形

伞形总状花序（4-7朵）

的锯齿很像围了一圈小围裙，可爱极了。

到了秋天，银杏便是诺贝尔园里的"颜值担当"。一片金黄乍泄，满地凝秋霜。光斑闪烁，树荫沙响，小扇梳妆。把银杏叶比作扇子其实有点儿俗气了，那叶子的形状再加上细长的叶柄，倒像是芭蕾舞演员的蓬蓬裙和修长的腿。它在秋天的舞台上舞蹈，是这部芭蕾舞剧中的主角。

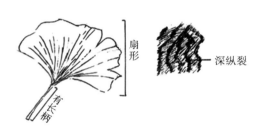

在春夏，银杏叶子是翠绿色的，叶在长枝上螺旋似的散生，在短枝上 3~8 叶呈簇生状，构建出一座座玲珑宝塔。银杏的树皮呈灰褐色，深纵裂，摸上去很粗糙。

佑贞楼前有两棵山楂。春天，一朵朵细碎的山楂花抱团而开，形成一簇簇清丽脱俗的白色绣球，在绿叶的映衬下，层层

叠叠地绽放。微风吹过，轻轻颤动，互相推涌，犹如层层波浪。山楂花开时是花满枝头，山楂花谢后是果满枝头。先是挂满了一颗颗"翡翠"，然后拼命地吸收着养分，享受着"日光浴"。到了十月，这些果子就一个个成了"小胖子"，或许因为胖得太快，它们的脸也涨得通红。

花开花落，叶盛叶疏。四季流转，时光从不停止它的脚步。你爱的是春日的百花齐放，夏日的绿树成荫，还是秋日的落叶满园？如果错过了草木某个季节的景致，也不要忧心，等你熬过万物肃杀的冬季，下一个美丽的轮回就又开始了。而我又可以拥有鉴赏校园草木的美妙时光了。

指导教师：李硕棠

# 给"神舟十二号"宇航员的一封信

◎黄博莹

敬爱的聂海胜、刘伯明、汤洪波叔叔：

你们好！

我是北京四中初一7班的学生黄博莹，我是你们的小迷妹。

作为一名中国人，我真心为你们感到骄傲。看着火箭飞向天空的那一刻，我万分羡慕。我也很想遨游在太空，目睹那壮丽的银河，去探索太空的奥秘。是你们带着我们的梦想飞翔，带着我们中国的梦想飞翔。

2021年6月7日"神舟十二号"顺利升入太空。我虽不能亲临现场，但在电视中也看到了无比震撼的画面。随着倒计时越来越接近零，我的心也悬了起来；宣布发射成功时，我也情不自禁地热烈鼓掌，为你们高兴。

在浩瀚的宇宙中，你们乘坐着美丽的宇宙飞船，肩负着祖国和人民的重托，围绕着蓝色的地球遨游在太空中。为中国航天赢得了胜利，为祖国母亲赢得了骄傲，你们也成了我心中那颗永远最闪亮的星星。对，那就是你们，最闪亮、最璀璨的"英雄星"。

我看到了你们在太空舱中的英姿，看到了你们微笑着向全国人民招手，展示着我们的国旗。我知道，这看似轻松的一切的背后是你们每天训练的刻苦与艰辛。神奇的事情一样需要神奇的人来完成，那些常人难以忍受的训练你们都坚持下来了。除此之外，心理上的挑战也是巨大的，我相信每一位宇航员在升空之前都已经做好各种精心的准备。在外太空冒着生命危险为国工作，这难道不是你们创造的神奇？由衷地敬佩你们！

　　我们今年刚刚初一，我们是祖国的未来，我们是祖国的希望，我们承载着民族复兴的重大责任，更应该把从你们身上学到的航天精神投入学习和生活中去。好好学习是我们伟大的使命，建设祖国是我们永远的目标。任重而道远，我们也难免会遇到困难，但绝不会因为一点点的挫折就放弃自己的使命，而要像你们一样，克服各种困难，成就自己的人生和伟大的理想。我决心要持之以恒地刻苦学习和钻研，请你们相信，我一定会努力的，就像你们一样！

　　最后也祝愿中国的航天事业蒸蒸日上、马到成功！祝你们工作顺利，万事如意！

　　此致

敬礼

你们的小粉丝

初一 7 班　黄博莹

2022 年 2 月 18 日

　　　　　　指导教师：熊良柏

# 给王亚平阿姨的一封信

◎2024 届全体学生

亲爱的王亚平阿姨：

　　您好！

　　我们是北京四中初一 3 班的学生，感谢您在百忙之中阅读我们的来信！

　　小时候，我们在嫦娥奔月的故事里，感叹过古人对浩瀚宇宙的奇异幻想；这学期，我们又在《太空一日》的课文中，重温了国人飞天圆梦的壮举。从神话到现实，从憧憬到实现，靠的是像您一样一代又一代不懈奋斗的航天人。想想真是奇妙啊！此时此刻，您正在天宫回望地球吧？而我们——一群身处首都北京的少年，正仰望星空，眼前浮现着那些让我们心潮澎湃、热血沸腾的画面……

　　2021 年 10 月 16 日，伴随着《歌唱祖国》的乐声，您身着航天服，与翟志刚、叶光富叔叔走出问天阁。您的眼里闪烁着泪光，那泪光里有为祖国飞天的自豪，也有对宇宙探索的憧憬！当火箭带着喷薄的烈焰腾空而起，我们的心也跟着一起飞翔。2021 年 11 月 7 日，您身着新一代"飞天"舱外航天服出舱，迈出了中国女性行走太空的第一步！那一步，是令人骄傲的一大步。2021 年 12 月 9 日，您在"天宫课堂"为我们授课。那停留在水下的乒乓球，那水膜上盛开的折纸花，那水球里欢腾的小气泡……一个个精彩的实验令我们目不暇接。神奇的失重环境让水在太空中呈现出了迥然不同的美，也在所有少年的心里种下更多探索太空的种子！

在《太空一日》中，杨利伟叔叔这样形容他从"神舟五号"上看到的北京："白天它是燕山山脉边的一片灰白，分辨不清，夜晚则呈现一片红晕，那里有我的战友和亲人。"读着这朴实的文字，我们沉浸于杨利伟叔叔对祖国的深情，也不禁遐想，正在"天宫一号"中履行使命的您回望中国大地，会看到怎样的场景？会升腾起怎样的情感？

"飞天梦永不失重，科学梦张力无限。"我们最喜欢您的这句话，因为它在我们心中埋下了追求科学、探索真理的种子。我们知道"飞天"不是轻轻松松就能实现的，航天员要经过长期艰苦卓绝、坚持不懈的训练，才能长出"飞天"的翅膀。我们只有不怕吃苦，勇于钻研，奋发进取，有朝一日才能学有所成，像您一样为祖国贡献我们的力量，书写我们这一代的航天梦想。因此，也特别期待您可以结合您的经历，为我们中学生提供一些宝贵的建议。

言不尽意，纸短情长！盼望您能在百忙之中抽出时间给我们回信，也祝愿您和翟志刚、叶光富叔叔顺利圆满完成任务！

　　　此致

敬礼

北京四中初一 3 班全体学生

2022 年 3 月 13 日

指导教师：杜宁奕

# 给杨利伟叔叔的一封信

◎赵梓含

亲爱的杨利伟叔叔：

您好！

您或许不知道，您的名字从我出生起就伴我左右！我有幸得到您和其他航天员们的签名祝福。"祝小梓含健康、幸福！——杨利伟"这几个俊朗的字从那时起就深深印在我的成长史上，焕发着光芒。十三年过去了，今天有机会给您写一封信，我倍感荣幸！

小时候，在父母的熏陶下我第一次知晓了您的名字。您是中国载人航天第一人，是我国第一个进入太空的人！许多个"第一人"组成了我对您的最初印象。

2022年初，13岁的我在初一的语文课上学到了您的文章——《太空一日》。

您为中国航天事业的发展付出了很多！我想，在您承受着不断增加的压力的时候，在"我要牺牲了"这样可怕的念头冒出来的时候，您想的一定是背后的祖国吧！您在太空中遇到的重重险境、种种异常情况，为后来的航天员们提供了宝贵的经验，您坚持国家利益至上的信念，您"化作春泥更护花"的奉献精神，值得我们永远尊敬和学习！

2022年，这一年我们共同见证了多少中国航天的大事件！4月16日，"神舟十三号"乘组成功回到地球。红白相间的降落伞带着炭黑的返回舱缓缓坠落在沙地上。三名航天员被小心翼翼地抬出来，坐在椅子上向我们招手。6月5日，"神舟十四号"发射成功。7月25日，航天员们成功进入问天实验舱。11月3日，我国空间站整体T字形构造基本完成。飞天之梦是为梦天，仰天之问是为问天，和而登天是为天和！神舟航行于蓝天之上，自蓝天之上俯瞰神州，中国航天终于屹立在了世界之巅！

天地九重，飞上太空曾是多少中华儿女不朽的梦想。先民们不自觉地仰望天空，寻找着星星，打量着月亮，幻想着那里的另一个世界、另一片天地，幻想着嫦娥奔月、敦煌飞天。明朝万户付诸行动为梦想献出自己的生命，成为世界航天史的第一次尝试。2003年，您乘"神舟五号"飞上浩瀚太空，立下了中国航天史上的里程碑。它镌刻着中华民族千年飞天的梦想，记载着我国一代代航天人前赴后继的奋斗史！这是一场跨越六百年的相遇，一场跨越六百年的圆梦！

前辈们在各自的岗位上接力奋斗，用实干精神创造着一个又一个奇迹，演绎着一个又一个传奇。我四中少年将继续带着您的祝福、您的鼓励、您的精神奋力前进，努力学习，积极探索，勇做走在时代前列的学习者、劳动者、奉献者，担负历史重任，绽放青春光彩！

我谨代表北京四中全体师生向您致敬，祝您兔年大吉、万事如意，期待得到您的回信和您对四中学子的嘱托！

　　此致

敬礼

北京四中 2024 届 8 班赵梓含

2023 年 1 月 14 日

指导教师：张蓉芳

# 致初中时心怀热爱的自己

◎吴开宇

初中时的吴开宇：

你好！

真抱歉，作为一名社科专业的大三留学生，使用母语给初中时的自己写信，竟然有些生疏。初中生吴开宇可不是这样的啊！那时，你沉浸在科技和科幻的世界里，在语文课堂之外不断拓宽自己的阅读面，勇敢尝试科技、科幻的写作。而现在，2023 年的我，在纽约闹市区的电影院巨幕上看到了《流浪地球 2》，分外想念那个心怀热爱、不断探索的你。

记忆里，你是先迷上了科技。这要从已经停产多年的 iPod touch 说起，它在当时就是一台不能打电话的 iPhone。你拿着朋友的新 iPod，抚摩着它轻薄的镜面、不锈钢的机身，舍不得放手。那台 iPod 和以前接触过的所有电子设备都不一样：它是如此小巧精妙，它的软件体验是如此顺滑，它让你对它背后的科技和故事充满了好奇。

上初中后，你接触到了更多关于科技的书籍和文章，而它们对你来说就像是课本之外的全新世界。通过阅读，你明白了这些产品是如何被设计、生产的。这个过程中每个细小的决定（比如产品包装盒的材质和操作系统中的动画），都对最后的用户体验有着决定性的影响。了解得多了，有了一定的知识储备，自然而然就会想表达自己的观点和看法。那时，除了每周写随笔，你还建立了个人公众号，常常灵感一来，一个人写作到凌晨，点击发布后才能安心睡觉。很惭愧，现在的我，似乎只有在完成论文作业时才能拿出这般努力了。

翻看当年写的随笔和公众号文章，你大胆分析某个科技产品的优缺点，酣畅淋漓地表达对它的想法和态度，文字中充满了初生牛犊的劲儿。但，初中生吴开宇，我想告诉你，现在的我在表达时少了一些笃定。因为，对一个领域的了解积累到一定程度后，你就会意识到自己所知道的原来是那么有限。而这，也成为去探索更多的动力。

再后来，你迷上了科幻。还记得你最早接触的是刘慈欣的作品，你读了他一系列题材多样的中短篇科幻小说，也被《三体》深深震撼，产生了强烈的写作欲望。你在动笔前最认真的步骤就是"开脑洞"，绞尽脑汁地思考，试图想象一个既能扣题又别具一格的新奇科技。你认为只要能搞定这一步，一篇短篇科幻就成功了一半。因此，你会在文中花不少的篇幅来描写技术。

但随着接触到更多的科幻作品，你也看到了科幻更多的可能性。它们并没有将自己局限于对科学和技术发展的想象，科幻并不等于只有"科"。不同的作者和不同的作品有着对科幻不同的理解。你意识到，在阅读时也可以跳出故事本身，去思考作者自身的背景是如何影响作品的：凡尔纳是博物学爱好者，刘慈欣是工程师出身，郝景芳有着社会科学的学术背景……这样探索的过程显然比简单的"读书"收获更多。

触动你的还有《北京折叠》。作者笔下的这个科幻世界距离你我如此之近，因此很难再将科幻作为单纯的虚构故事来看待。平时的文学写作中，你很喜欢写北京，写历史和当下如何在这座城市的古建筑和玻璃高楼间交错。而这部科幻作品让你看到了一座城市的物理空间是如何因阶层而分化的，也改变了你对科幻和现实间关系的理解。

你渐渐明白，和科技一样，科幻终归是关乎人的。优秀的科幻作品对人与社会的刻画一定不会逊色于它对科技的描述——《带上她的眼睛》和《乡村教师》都是很好的例子。《带上她的眼睛》中所畅想的技术其实在现实中已经有了类似的应用：现在已经可以通过一款叫作"Be My Eyes"的 app 来帮助视障人士"看"到这个世界。刘慈欣的这篇作品发表于1999 年，而这个 app 发布于 2015 年。十多年间科技和网络的进步让科幻中的"幻"几乎成为现实，并且可以真正帮助到有需要的人。这就是科幻对于科技与人之间关系最好的描述。

于是你的写作悄然发生了改变，还是技术流，但却多了一份对人的思考。你会想象记忆移植术如何治愈阿尔茨海默病，你分析手机后期自动用算法编辑修图对记录生活的影响，你还将北京的历史与变迁融入科幻之中……

所以，谢谢你，初中时的吴开宇。

你对科技、科幻的好奇与探索最终影响了我的专业选择。

虽然专业名字可以缩短到"传媒"二字，但课程的内容却包括了对媒体、技术、社会与文化的分析。正是这些看起来有些混杂的专业课，让我可以系统性地去理解科技与社会互相影响、互相改变的关系。请相信，在未来的道路上，初中生吴开宇的那份热爱，我会一直携带前行。

大学时的吴开宇
于 2023 年春夏之交


指导教师：张蓉芳

从阅读走入想象

# 引　言

　　最初的最初，我们只是想让学生多读一点儿书。时间有限，苏东坡一生的跌宕起伏，在课堂上能呈现几何？言语亦有限，杜甫的丰厚、鲁迅的深刻，通过老师之口又能传达几分？去读书吧，我们说，读传记，读作品，然后在想象中构建一场与某人的相遇，用你的笔将这场相遇描述出来，是的，人物你选，情节你定。

　　浪漫的题目引出天马行空的想象，而自由，激发出写作的雄心。

　　本章选录了三篇万字上下的文章。《与丘吉尔相遇》还原了二战敦刻尔克大撤退的情境。作为丘吉尔的副手，"我"看到这位铁血首相如何顶住法国投降的巨大压力，以"我们将战斗到底！"的宣誓鼓舞了整个英国。作者用几场军事会议将读者带入那个焦灼、愤怒和绝望的历史时刻，以丘吉尔的温情回忆不动声色地调整了故事节奏，蒙哥马利、戴高乐依次出场，从压抑到希望，一步一步，最终丘吉尔的演讲如一道强光，引爆全文。作者像一位掌控战场的将军，指挥若定，一击必中，普通的千字习作哪里够他谋篇布局？

喜欢就不觉得苦，自由想象的快乐抵消了写作的不易，当学生有了一个构筑世界的机会，文字中的滞涩忽然就消失了，手中的笔随意一挥，便光彩夺目。然而，认真的创作绝非只来自灵光乍现。历史情境的还原，寥寥几笔便立住的人物，背后都有大量阅读做支撑。长文写作的底气源于丰厚的储备，优秀的作品脱胎于扎实的读书笔记。文章是叶，阅读是根，根深才能叶茂。

当学生想要表达，一个提供方向而不设限的题目又恰好撞了上来时，会产生怎样的火花？《与三毛相遇》中的三毛被设计为配角，作者浓墨重彩的角色成了"我"——那个喜欢着荷西，怀着复杂心情偷窥三毛，却逐渐被三毛的艺术天赋和洒脱个性所吸引的女孩儿。作者将这场相遇的内核悄悄换成了成长，甜蜜又苦涩的爱固然动人，而西班牙的海、马德里的教堂、哥哥的那些画，亦是生命中不可割舍的美与深情。

《与济慈相遇》所图更大，故事深深融入了作者对诗歌的理解，探讨了痛苦、心灵与艺术的关系。患有肺病的少女有着敏锐的文学感知力，因为逃不脱身体的苦痛、死亡的威胁，所以更能体会到济慈诗歌中的挣扎。有了情节为依托，洞见愈显深刻。璀璨星光下诗人吟诵的句子令少女沉醉，也令读者沉醉。

不再是习作中零散的感悟，亦虚亦实间，学生的作品呈现出更完整的人生态度和更高层级的思考。厚重的阅读，轻盈的想象，相会于一场盛大的写作。这里有足够的空间，足够的自由，容纳心灵的释放。学生在文字构筑的世界里，能享受畅游的快乐，也能体会隐身的满足。他们或许遇见很多人，但终归遇见的是自己。

# 我与丘吉尔的一次偶遇

◎程子圻

　　天空曚昽着黎明前灰色的晨光，四处高耸而逼仄的古老建筑隐隐闪烁点点光亮，街灯疲倦地打着瞌睡，晕出一脸昏黄，古老的伦敦街头，在静谧的安眠中。

　　汽车缓缓驶过西敏区的一条条街道，渐渐可以看见店铺的伙计打开店门的身影，熟悉的景象在如此一个阴霾的早晨竟然有些引人不安。

　　一排精致的描金围栏渐渐从浓雾中显出来，王宫到了，一如往昔的瑰丽，巴洛克式的窗边有着细腻温柔的弧线。想到两个星期前，我郑重穿上晨礼服，王宫的仆人缓慢而庄重地拉开这个无比尊贵的大门，我踏上红色地毯，来到这个帝国权势的中心。今晨，大概它同无数建筑一样，都被笼罩在席卷欧洲的雾气中。

　　这次的当选没有给我带来任何的欣喜：在这样一个局势下，与保守党组成联合政府，还要成为丘吉尔的副手——即使在保守党内，他的坏脾气和怪异言论都使他成为异类，几乎联合政府中的每一个人，都曾与他有过激烈的争执。我心中莫名生发出悲哀。

"停车！我要走过去。"我已忍受不了车中闷热潮湿的空气。

"先生，我恐怕您会迟到。还有一段路呢!"

"我已决定了。"


我静静穿过王宫，走过一个个街口，一座座房子，前面灰白的天空隐约露出一个灰黑色的轮廓，像一座暴风雨中的灯塔。那是特拉法尔加广场的霍雷肖·纳尔逊纪念柱，为了纪念战胜拿破仑海军而修建的。此时此刻，当年的劲敌已逝，而帝国又陷于危难中，只是不知道这一次还能否有好运垂怜不列颠。

在这混乱而焦虑的思索中，我已不知不觉来到了广场正中，感觉到那高大的石柱就在我的正后方，像灯塔抑或暴风眼，准备打下指引或卷起风暴。我再次回望这朦胧的石柱，低垂眼睛祈望能看清矗立在上的铜像，却无法看清。我忽然失落地低下头，隔了一会儿——也许就是一瞬间，我复又抬起头，向着南方的白厅街，一步一步地铿锵走去。


在与查尔斯国王街交界处，我拐向左边，走向一处这街上绝无仅有的毫不引人瞩目的低矮入口，门口以麻袋为掩体，门上却用石头雕琢出细腻的大写字母"战时内阁"。

站在黑暗直通地下的石阶前，我想起这条街上几乎每幢大厦前都有高高的台阶直通大门，轻轻地笑了一下，紧一紧领带，挤过掩体径直向下走去。

在门口，一位秘书迎了上来："艾德礼先生，您到得真早！请跟我来。"

一面穿过走廊，一面问他："丘吉尔先生一直都在？"

"是的，他一整晚都在开会。"

尽头是一扇陈旧的木门："战时内阁会议室"。

门打开了。"请进，艾德礼先生！"

"克莱蒙，快进来，我等你的消息很久了！"

我刚刚探身进来，就被这充满热情的声音惊得抬起头，屋里一张大长桌的左手中间，无数地图的对面，一个肥胖的男人露出灿烂的笑容，期待地望着我。他的脸很圆，额头宽大，头顶的头发稀疏，两鬓整齐用蜡梳好。他穿着一身很深的午夜蓝白色条纹法兰绒西装，背心在肚子的挤压下局促地挤出几道皱纹，第三颗扣子上一条金表链垂向两边，他并不像这个房间里的任何人那样打领带，而是随意地绑着蓝黑色小圆点的领结。我注意到这身考究装束，他已穿了三天。

"温斯顿，你该去休息休息。"

"哦，好了克莱蒙，你知道我现在除了法国的消息什么也不去想，快说说，法国代表说了什么！"他语声高亢迅速，又满怀期待，两眼闪动着锐利，像澎湃涌动的英吉利海峡的海水。他完全不像一个彻夜工作的六十多岁的"老年人"。

我望着他充满期待的眼神，艰难地抉择着该用何种委婉的词语去浇灭他心中的火焰，沉默也许是最好的语言，但是在这个关头，显然我们无法沉默。

"法国将军对我们的战争提议不置可否，甚至言语里隐隐在劝说我们投降。'毕竟我们都是雅利安人！'他们甚至这样说。"我感到整个房间的眼光都盯着我，宣布这个足以改变战局走向的结果。我感到深深的不安，仿佛我颤抖而躲避的声音比这消息更令人绝望。

接下来是长久沉默。我看到丘吉尔的嘴角垂了下去，他抿着嘴，眼睛向下不知看向何处，眉头紧紧地挤出几道沟壑。

"可是我们的部队全部在那边，生死未卜，我们什么情况都不知道！"他仍然低着头，小声地嘟囔，他的声音低沉而模糊，我几乎听不清他说了什么。

紧接着又是死一样可怕的沉默，他猛然抬起头："法国人连抵抗的勇气都没有，简直是废物！该死的废物！我想马上见到甘格霖将军，通知所有人，我们马上开会讨论战局！"

原本通知各位将军的会议时间是早上七点，还有大约二十分钟，秘书都不知所措地看着我，而我望向满脸犹豫与疲倦的丘吉尔，他的眉头已紧皱起，我稍稍示意他们出来，让他们把刚刚从前线赶来，还在睡梦中的几位将军叫醒。

不到五分钟，房间里已挤满了人，丘吉尔仍然坐在原先的位子上，我坐在他的旁边，在我们的对面，隔着桌子，是陆军上将甘格霖将军，刚刚视察完南部军港，以及敦刻尔克的部队。

"德军正快速逼近加来（法国北部的港口），企图通过阿登省，我们正设法阻断对比利时北部的进攻。但我们……中计失败了……先生们。"

门外响起铿铿的鞋跟敲击地面的声音，门忽然打开，一个精瘦的老人一顿一顿、像一架机器般地走进来。爱德华·哈利法克斯爵士，保守党的老牌政治家，张伯伦政府绥靖政策的坚定支持者，张伯伦以及许多保守党高层甚至国王瞩目的人物，一个古板、不苟言笑、拘束的外交家，也是本届战时联合政府的外务大臣。他颧骨突出，额头上一道道坚硬得如凿刻一般的皱纹下，眼皮垂在不大的圆眼珠上，仿佛有种坚硬的、穿透一切的力量从圆眼镜后面直扑每一个在他目光中的人。他头发只剩脑后的几绺，嘴唇毫无血色。他穿着考究而一丝不苟，衬衣难以想象的笔挺，圆弧衣领开的角度很小，黑色领带艰难地从缝隙中挤出来。

他面无表情、高深莫测地坐在丘吉尔的对面，甘格霖将军的左手边，转过身来听着将军的报告。

他进来的时候，丘吉尔毫不掩饰地嘟起嘴巴，锁紧眉头，样子像个心愿被回绝的小孩儿。

甘格霖见他进来，点头示意了一下，便重新抬起指着地图的手，继续开始讲。

"我们本以为马其诺防线会坚固得像铁桶一样，坚守个两年时间毫无问题，然而我们错了……"他沉重地低下头，过了好一会儿，才终于惋惜地抬起头指向一片箭头密集的地方，"我们的预测是对的，马其诺防线的确如铁桶一样，但是希特勒拧开了盖子，他从这里……阿登山区开进了 A 集团军——一个装甲集团军，然后快速包围把我们赶向海里。我从未想象竟然有坦克通过这里。"

"还有 A 集团军从北部进攻，我们的军队连同法军在比利时阻击他们。……或者说是被围困在比利时。……也同样有德军在南面进攻，不过距离较远，机动性也不是很好。"

哈利法克斯把头背向将军，失落而懊恼地抿紧嘴，眼睛紧闭。丘吉尔紧皱眉头，死死盯着那些箭头交会的地方——英吉利海峡。

"这意味着我们的部队被切断了？"丘吉尔严肃地一字一字地说。我看向他，他的眼中此时充满力量，仿佛燎原的熊熊大火。

"这意味着我们也无法同南方的法军主力会合？"

"是的，先生。……恐怕如此。"

"如果部队无法阻止德军的进攻，我不得不命令部队撤回英格兰了。……但问题是 365,000 名士兵……整个英军部队……我们能撤回多少人？"

两双鹰一样的眼睛短暂对视，响起了将军低沉的声音："也许五万人……"整个会场一片骚动，"假如我们足够幸运的话。"

哈利法克斯紧紧抿着嘴角，满眼忧郁痛苦地望向丘吉尔，他的表情让我绝望无比。

"邦德上将。"丘吉尔边说边向走廊走去，我赶紧跟上。

"是，先生！"

"海军部应该马上做好准备，准备大量小船，为大规模撤退做准备。"

“已经准备好了，先生。”

“拖船、快艇、渔船、驳船、游船，所有能找到的船必须召集待命！”

时间一点点地过去，空气的味道也仿佛伴随着怀表指针的清脆声音渐渐凝滞，变得焦躁而绝望，丘吉尔盯着墙上的地图，面无表情。

房间里时时响起电话的声音，拿起和放下听筒的声音，电报纸垂下拍打地面的声音，和激烈的讨论声。

不时，会有秘书，抑或是负责翻译电码的士兵，将一面又一面代表德军的红色箭头轻轻钉在温斯顿面前的地图上，或者把蓝色的箭头向着海边挪一挪位置。

就像是红色的雨云，疯狂席卷伦敦初夏的闷热，此时，一个个箭头直直盯向不列颠岛。可怜的不列颠岛在一片红色的欧陆旁边，就像暴风雨即将席卷的平静水面，孤独、压抑、柔弱得可怕。

墙边的人忽然转过身来，每个人都惊得停下了手中的工作，吞回了刚刚要说出口的话，呆呆地向那边看去。

“假如我们被逼必须撤退，我们必须假设德军一定会对我们穷追猛打。”

丘吉尔低沉自信的声音再次响彻整间会议室，大家都从恍惚和疲惫中找回一点儿希望和生气，整个房间渐渐溢满了一张张充满血气的脸，一双双布满血丝的眼睛放着坚毅的光芒。所有人都在这短短几个月的局势突变中迷惘不知方向，被不利的消息和欧洲大陆接连传来的德军的捷报折磨得痛苦不堪，几乎所有人都曾在战斗还是投降这个问题上彷徨过，所有人都曾幻想过这眼前所经历的一切不过是场太真实的噩梦。这个时刻，这样坚毅的声音真的带来了太多的慰藉。

"首先设想空袭——无穷无尽的空袭——来挫伤我军士气，他们也会攻击我们的船只和港口——U型潜艇，各种舰只——切断后勤供给。"戈特将军说。

"没错，德军在港口里炸沉很多船只做障碍。"

"接着就是入侵。"


军事将领渐渐散去，我觉得时间已经到了傍晚。哈利法克斯决定同丘吉尔谈谈他的看法，房间里只剩下数位内阁部长和国防部里的几位将军。

哈利法克斯满怀忧虑和期待地说："我之前去了意大利大使馆。大使向我承诺，如果我们和他们的政府讨论一下组建欧洲联盟，他们一定不会回绝。"

我不喜欢他的拐弯抹角："这到底是什么意思？"

哈利法克斯："墨索里尼愿意充当我们和希特勒以及法国的中间人。"

我忧郁地反驳他："任何和谈的迹象都会严重打击我们的士气。"

哈利法克斯毫不犹豫地紧逼："我以为不会在当下。大使先生是位杰出的外交家，最擅长调解矛盾。"

哈利法克斯："……当然他们也希望小小的回报。"

我嘲弄和讽刺地瞪起双眼，厌恶地靠向椅背："嗯……当然！"

丘吉尔看着桌面，低沉的声音冰冷而清晰："比如？"

哈利法克斯回答："马耳他。或许是……直布罗陀？或许是乌干达。"他的声音越来越低，越来越犹豫。

屋子里霎时安静了，每个人都露出复杂的神色。

哈利法克斯眼神向上扬了扬，期待着首相先生的答复。

丘吉尔皱紧的眉头又重新舒展开，换了尽量和缓的声调："我亲爱的爱德华！如果我们靠放弃马耳他或者乌干达就可以走出困境，我一定会欣然接受。"

他忽然又坚定地说："但……希特勒……不可相信！"眼神躲过哈利法克斯，"和意大利人谈没有任何价值！"

哈利法克斯眼神迅速闪过一丝遗憾，转而说："也许……我们可以试试。……至少法国人很友好。"

丘吉尔忽地向前挺直身子，紧抓扶手，语气强硬且毫不客气："让法国人去死吧！如若他们没准备好抵抗，就让他们放弃吧。我不会让这个国家沉沦为……奴隶制国家！"

他说的时候我不安地时而看向他，时而看向爱德华。

哈利法克斯愤怒地努力睁大他小小的圆眼："温斯顿，看在上帝的分儿上！你要面对事实。我们会失去绝大多数的士兵！"

丘吉尔盯着他，不无挑衅、毫无商量地答道："危亡之国在反击中再次光耀，而屈膝投降则再无光明之日！"

爱德华充满痛苦和不甘："赢得这场战争我们会付出太多的生命和财产，别毁掉你最想保护的东西。"

"这里是 BBC 新闻，根据我们刚刚得到的消息，比利时投降了。"

将军们有的去了前线，有的回了寓邸，爱德华也走了。已到了深夜，只有我和丘吉尔还在地图室里，他静静地盯着墙上的地图，忽然桌子上的广播传出这样的声音，丘吉尔转过头来，呆呆地站了几秒钟，然后忽然像泄了气的皮球一样瘫软在椅子上。

我也满眼悲伤："怎么了？"

他的声音开始陷于无力和失落，还有——深深的痛苦和焦虑。"我刚刚和甘米克将军通电话……该死的法国人……简直无用至极。"

"'你的战略储备在哪里？''没有。'你能想象吗？！"

"我……绝望了。"他正像他说的那样摇了摇头，"有时候我真的绝望了。"

"当然！假如你不会绝望，你就不再是个人了！"我也低落极了，不仅对目前绝望的处境感到低落，更对我无力的劝慰感到低落——连我自己都能感觉得到。但我必须说些什么，为了温斯顿，虽然我不知道我们能不能算是朋友。他不是一个耐心的人，甚至傲慢而粗暴，他时常陷于沉默，又总是精力过人，慷慨澎湃。

他沉默了四五秒钟，也许更长，他缓缓低下头，又缓缓抬起，缓缓张开嘴，深情地说道："我始终在想我下午去下议院提交声明，克莱蒙，你还能记得吗？后来我们回来喝茶。"

"人行道上有几个人，不多——也许四五个。"

"我记得。"

"里面有个中年男子，可能是个杂货店主，也可能是个公交车司机……他……充满了信任和希望。"

"'好运，温尼！'他说，'上帝保佑你！'我一定一定，不能让他失望。"

"你不会的！"

"也许我会。"

他十指交叉，声音陷落在谷底。

"哈利法克斯不是傻瓜，他说的话充满智慧和见地……我听到了他的声音。但当我望向他时……我看到的面孔……是人行道上的那个人……"

温斯顿说完这番话，背过头去，背佝偻着，头伏得很低很低，艰难地用手支撑着。我站在那里，想跟他说说话，又不忍打扰他。以前在我心目中，丘吉尔先生一直是个坚强，甚至是个强横的人，这一段时间他一直都坚定地在指挥着整个帝国。今天，我第一次看到他如此悲伤和绝望，他的背影无比失落地深深印在我脑海中。我静静站了很久，悄悄转身，开门，出去。

那天夜里，我也一夜无法入睡。

第二天终于迟迟地来了，我忐忑地走进会议室，今天，无论如何温斯顿得作为首相，为这个古老而光荣的帝国的未来，做一个决定了。

进了门，我惊讶地看到了神采奕奕的丘吉尔先生，尽管眼中布满血丝，但锐利的眼神洋溢着活力。

"不管是否由我决定同不同希特勒进行和谈，但我认为为了一纸合约进行和谈是愚蠢的。"温斯顿的声音缓慢、沙哑、疲惫、坚定，充满斗志。

"我相信，你们中的任何一个人，当我在……投降……抑或和谈的问题上有片刻犹豫时，都会毫不迟疑把我从这个位置赶下来！"

"是的！"

"是的！"

"是的！"

这声音响彻整间屋子，所有人，都被他的话深深地感动，燃起了熊熊的斗志。

"是的！"我发自内心地回答。


"如果我们国家的悠久历史……注定要最终结束……那就在我们……为国战斗……流尽最后一滴血时……让它在我们永不屈服的呐喊中……结束吧！"

"好！"

"好！"

"好！"

"好！"

掌声直上，在这狭小的会议室中，滚烫，翻滚，发出最激昂、最无所畏惧的呐喊，所有这些穿着考究，戴着领带、领结，整整齐齐配好白色方巾的绅士们，准备好了为这个国家而战斗！

丘吉尔看了一眼爱德华，爱德华失望地微微低下头，轻轻摇了几下，站起身，垂着脑袋孤独地离开了这间充满了热情和掌声的会议室。


会议室里的人渐渐散去，对于每个人来说，今天注定是一场艰苦的战斗。我先是到紧急物资协调中心去询问能够调集多少物资支援前线士兵，下午又去海军部，协调首相几天后出访前线的具体安排，并且听取对前线战况的报告。

傍晚，我终于回到内阁。迎面而来的是温斯顿热情的欢迎。

"怎么样，艾德礼，我们的部队撤出了多少？"

"我们今天大约撤出了一万七千人，有八百艘船只出动，我们甚至把博物馆里的蒸汽船开了出来！"

"很好！"温斯顿露出了欣慰的笑容，仿佛一瞬间，日复一日工作的辛劳在一瞬间化为一场在伦敦夏日弥漫闷热雾气后的畅快大雨。

"哦！皮姆将军，快讲讲前线的情况！"丘吉尔听到开门的声音，急忙迎上去。

"敦刻尔克糟糕的天气阻止了德军空袭，今天，近一万七千人撤离。开始撤退后，德军加强地面攻势，并从空中和海上攻击我们的运输船队。我们的战士竭尽全力地坚守东、西侧战线，各式各样的小船充当摆渡。我们还将卡车沉入海中，作为海滩延伸入海的登船栈桥。由于看不清目标，德军投掷的炸弹在海边沙滩上爆炸威力大减。"

"我们损失了多少人？"

"嗯……大约三千七百人，还有十一艘船，有些是渔船，有些是邮船，还有一艘是戈特公爵的游艇，爵爷父子几个都在上面！"

"嗯……明天要多撤出些人，一定要抵御德军收缩包围圈！"丘吉尔的声音开始低沉，他低头想了一会儿，抬起头，"我要去前线，我要在海滩上看看我们的将士！"

"那样很危险，德军的飞机很可能会飞到我们的领空来。"

"如果这样，21英里也根本不能使不列颠免于危险。"

"现在需要我来给他们安慰和力量。战士们需要看到我，这关系到我们的士气，我们在流血，也在撤退。"

皮姆将军也低下头，接着，他抬起头，对首相说："我在南部的怀特岛还有一艘游船，也许我离开三四天，可以帮得上忙。"


接下来的几天我们又陆续撤离了七万人，首相的信心与日俱增。虽然战事还笼罩在阴云中不知方向，但我们所有人都充满了战胜敌人的希望，起码从这几天接连而来的好消息中看到了曙光。

回禀了国王陛下，我陪着丘吉尔先生来到了英吉利海峡旁的多佛市，防御前线，来视察防御情况，检查我们的海岸线是否做好了抵御德国人登陆的准备。我们和敌人只有 21 英里的距离，也就是说，离抵御只有 21 英里的距离。

海边的一个炮台下，站着笔直等待着我们的蒙哥马利少将，他向我们敬了礼，迎我们而来。

"蒙哥马利少将，我认为你对我们南部的防御体系简直是小题大做！"丘吉尔露出顽皮的微笑回过头看了一眼我，"是这样吗？"

"我不认为是小题大做，首相！"蒙哥马利少将一字一顿的语气正如他笔挺的身体，一丝不苟的军容和他僵硬的步伐。

"他们是这样告诉我的，他们说'蒙哥马利少将太小题大做了。'我想知道他们为什么这么说。"

"自己来看吧，长官！"

他一阶一阶地铿锵踏上炮台的台阶。丘吉尔拖着庞大的身躯缓慢跟在那轻快步伐的后面。

"固定的大炮，有什么用？"

"用固定的大炮来保卫我们的海岸线简直荒谬！"

"德军会像在法国那样避开这些大炮！"

"我们需要的，是高机动性。"

"你难道不知道我们的军车很多已经埋在了敦刻尔克的海滩沙子里吗？"

"公交车！我们国家还有许多公交车！我手下的部队该有公交车，这样就能把他们随时派到任何需要的地方。"

"嗯！"首相转过身去打量着背后的炮台。

"这里的武器根本没有作用！"

"你的指挥官对现有的武器装备好像特别满意！"

"好吧，他错了！"

"他错了而你却是对的？！"

"就是这样！就算当着他的面我也会这样说。"

丘吉尔盯着将军那张诚恳而肯定的脸，三四秒钟，他宽大的额头上的皱纹一道道舒展开就像雨水打在英格兰南部的沙石海滩上，抹平潮水留下的痕迹。

"很好，马上为你们装备汽车！"他的声音无比轻快。


一天半的行程里，我们到访了海岸线和空军基地，还去看望了从前线撤回来的士兵，他们看到我们来了，眼中溢满激动，我知道他们一定在担忧和彷徨中艰难了几日，但我希望我们能带给他们一些力量和希望，整个帝国的安全，落在了这群孩子身上。

刚刚回到伦敦，就有一位秘书匆匆跑过来："有个法国将军要见首相。"

"不能等等吗？首相先生刚刚从前线回来，舟车劳顿。"

"恐怕得尽快，那位将军等了一天了。"

我感到很惊奇，大部分的法国将领已经投降了德国，而其他人大概还在海岸边，这时候会有什么人来呢？

我见到了坐在椅子上等待的那位将军，他静静地笔直坐在椅子上，像座雕像一样。我领他走向首相的办公室。

"丘吉尔先生，有位法国将军想见你。"我站在他的办公室门前，他正修改着演讲稿，他被我突然的声音吓了一跳，很愤怒地抬起头，看到是我，马上转换了孩子一样灿烂的笑容，那张胖脸溢满慈祥和友善。

"是我们从敦刻尔克撤回的法国将军?"

"不，是不愿意投降，追上最后一班来英国的航班来的。"

"请他进来。"

一个无比高大的身影跟随着我进来，他的脸瘦削而坚毅。

"首相!"他的浓重口音让丘吉尔眨眨眼睛笑了出来。

"我是来这里组建流亡政府，我希望团结一切不愿放弃抵抗的法国人，和我们海外领地的公民一起在这里战斗，我需要你的支持，越快越好!"他坚定而不容置疑地说出这些话。

望着他肩膀上的一颗星，丘吉尔笑着说："准将阁下，你能代表法国吗?"

准将显然没有料到他这样问，一时间呆呆地站着，不知所措的眼神还停留在我们身上。

"至少你代表了不投降的光荣的法国。准将，我该如何称呼你?"

"戴高乐将军! 首相!"

今天是一个难得的大晴天，中午最后一艘运兵船安全抵岸的消息让整个内阁欢欣鼓舞了好一会儿，丘吉尔整整一个下午都在办公室里写着傍晚即将向议院发表的演说稿。

丘吉尔首相在去视察的路上就无数次地思考着在这一时刻

的演讲，他特意换上了一身海军蓝的宽条纹西装，认真折好白色的口袋巾，临走前，又紧了紧领带。

他安静地走着，我在他旁边，看着前方的路。

今天伦敦难得晴天，太阳开始懒懒地向西撤退，正上空的天上飘浮着厚厚的云彩，西边的天空渐渐弥漫着紫红的霞光，粉紫色温柔的云彩后面，透出丝丝明亮的阳光，像金边一样辉煌。

丘吉尔忽然停住脚步回望，北边，白厅街上的建筑像几百年来一样地屹立着，南边，议会大厦的暗黄轮廓遥遥在望。

"克莱蒙，我们未来的路，还有多长要走？"

"温斯顿，也许就像这条路，我们已经走了一半。"

"这算是胜利吗，克莱蒙？哪次胜利会让我们损失200门大炮、750门高射炮、500门反坦克炮，几乎所有的汽车、摩托车和坦克？"

"至少，我们赢得了继续战斗的机会！"


坐在首相的身边，我依然不习惯位居下院的副领袖。丘吉尔深深地鞠了一躬，站在演讲台上，这样近距离地从背后看着他，才发现他的后背早已佝偻，不多的头发早已斑白，真难想象是这样一个矮小的老人肩负着整个帝国的命运。

"我们知道，成功的救援，靠勇气和毅力……皇家海军，在无数商业水手的帮助下，动用近1000艘各种船只，救回了335,000人……虎口脱险，免遭欺凌，安返祖国！

"……我们必须慎重，切不可将这次撤退当作是一场胜利，没有哪次撤退，可以赢得战争的胜利！

"……纵使欧洲大片的土地和许多有着古老历史的光荣的国家，已经陷入抑或可能陷入秘密警察和纳粹统治的种种罪恶机关的魔掌……我们也毫不动摇，毫不气馁……我们将战斗到底……我们将在法国作战……我们将在海上和大洋中作战，我们将具有愈发强大的力量和无比坚决的信心在空中作战……我们将不惜任何代价保卫我们的岛屿！我们将在海滩上作战，我们将在敌人登陆的地点作战……我们将在田野和街头作战，我们将在深山茂林里作战……我们决不投降……即使这个岛屿或它的大部分被征服并陷入饥饿之中——这是我片刻都不曾相信过的——我们在海外的帝国臣民仍要在英国舰队的武装保卫之下，一刻不停地继续战斗！

"……我没有别的什么，只有热血、辛劳、眼泪和汗水可以奉献给大家和这个伟大光荣的国家……你们若问：我们的目的是什么？我可以用一个词来答复：胜利！不惜一切代价去争取胜利，无论多么残酷也要争取胜利，无论道路多么遥远艰难……也要争取胜利！

"……让我们勇敢地承担义务，如若这样，假如大英帝国和她的联邦在主的庇佑下可以永续不朽的话，人们仍然会这么说：'这是她最光辉的时刻！'"

我忘情地沉醉在那激昂而动人的声音中，感受到最光辉神圣的力量，如今，这帝国、她的光荣历史和千百万伟大子民，真真正正担在了我们——和他的肩上，看着这个背影，我的视线开始模糊，唯有心中默念那句话：

"这是她最光辉的时刻!"

"这是她最光辉的时刻!"

"这是她最光辉的时刻!"

"这是她最光辉的时刻!"

"这是我们最光辉的时刻!"

指导教师：韩　露

# 不　死　鸟

## ——与三毛相遇

◎张诗洋

## 一、16 岁的愿望和梦

西班牙的夏天干燥而炎热，这样的天气，最适合去的地方无疑是大海。我坐在一块巨大的岩石上，不时有海风迎面吹来，在这个炎热的夏天给人带来盼望已久的清凉。空气里夹杂着海水清新的味道，闻起来让人心情大好。我的眼前是一片深蓝色的海洋，海水柔和地轻轻拍打在礁石上继而又退散下去，回响在耳畔的只有永不停歇的涛声。

这样平静的海水一般只有在晴天才会出现。不错，虽然是夜里，但现在也算得上是个晴天了。月明星稀，几颗星零星分布在广阔的夜空里，倒是显得比平时更明亮上几分。它们和月亮一起闪耀着清辉，美得不似人间，让人想起了凡·高的名画《星空》。此时的星空，正是那样清澈，那样浪漫。

天底下还有什么能和这样的星空媲美吗？我想大多数人会说没有。但在我眼里，是有的。那就是我旁边这个男孩子的眼睛。

在我眼里，他的眼睛是世界上最美最明亮的事物，天上的繁星在它面前黯然失色。

此时，这双眼睛凝望着星空。眼睛的主人就躺在我旁边，双手交叉枕在头下，和我一样惬意地享受着此时的海风，永恒的星空。

荷西。


"铃——"

我皱起眉头，不情愿地从被窝里伸出一只手拍在闹钟上，可却迟迟没有睁开眼睛。啊，好想继续做刚才那个梦啊，拜托让我再睡一分钟，再多做一分钟的梦吧。

"埃斯，怎么还不起床? 都七点了。"妈妈推开了我的房门。

"马上。"我费尽全身的气力，挤出了这两个字。

强迫自己从床上坐起来，一边打哈欠一边穿衣服同时后悔梦怎么做到精彩的地方就戛然而止了。

走出房间，就又听到妈妈的声音："宝贝，生日快乐啊!"

"谢谢妈妈! 我爱你!"我凑上去亲了一下妈妈的脸，又亲亲爸爸和哥哥，就拎起靠在墙边的书包走了出去。这对我来说无比特殊的一天就在一如既往的匆忙中正式开始了。

西班牙语、数学、艺术、物理、设计……从第一节课到最后一节课，我的思绪一直在放学以后的生日派对上，就连一向最喜欢的艺术课也没有勾起我的兴趣。老师在讲 19 世纪西班牙最负盛名的画家 Goya，幻灯片上投影出他最有名的画作《卡洛斯四世一家》。唉，其实艺术课就应该让我们去美术馆而不是坐在教室里看老师把一幅幅画投影在屏幕上，色彩都和原来的不一样了。听说马德里大学有不少艺术课都是在普拉多美术馆上，真希望我能考上马德里大学，只要上课的时候给我一间有 Goya 原作的小小展厅我就很满足了。

如果能和荷西一起在乌菲齐美术馆的那些名画前驻足，我的人生就没什么遗憾了。

荷西。


窗外的天空已经一片漆黑，我们家里的灯也关着，只有几根蜡烛的光芒在跳动，映着荷西明亮的眼睛。荷西，他是我的同学，是我喜欢的人。此时就在我身边，和朋友们一起冲我喊："喂，埃斯特拉，快许个愿吧！"

我闭上眼睛，双手交叉放在一起。在心里默念：

"万能的主啊，16 岁，请让荷西找到我。"

## 二、闯入人生的山泽女神

我在恩里格的画室里找一把椅子坐下，然后双手托腮，静静地看着阳光穿过百叶窗的角度一点点变化，看着恩里格面前的画布一点点充实起来。恩里格在专心致志地画画，我则在专心致志地看他画画，我们俩谁都不说话，就那样静静地待着。

他的画布上渐渐出现了马德里中心火车站的影子。这就是恩里格的画，他从不画壮阔、美丽的自然景色。在他的画上，我从未找到过充满诗意的林荫小道或是波涛汹涌的大海。他说他画的是人的世界，画里不一定有人，但一定是有人的地方。

马德里是我和恩里格长大的地方，他曾对我说，总有一天他会把整个马德里画完，因为这里是他挚爱的地方。他会在画布上画上光鲜亮丽的中心广场，画上城市角落里的一条条阴暗小道。画上在早晚匆匆行走的人们，画上阳光下手捧鲜花叫卖的小姑娘，画上拄着拐杖携手而行的老人，也画上满身污垢跪在地上乞讨的乞丐。他说总有一天他要画完马德里，让人们看到他的画就像已经来到了马德里。

说来也奇怪，我的爸爸哈维是个商人，我和哥哥恩里格却都爱上了画画。我喜欢画画，也喜欢坐在一旁看别人画画。画画是要倾注自己的灵魂才能做好的事情，恩里格画画时，平日里略显暗淡的一双灰色的眼睛又恢复了一些活力。他的眼睛好像已望穿了那薄薄的画布，看到了窗外的整座马德里城。

我眯起眼看着漏进来的几丝阳光，也开始神游起来，而我神游的主题一般只有一个——荷西。

我和荷西的关系还和以前一样。虽然在生日的时候许了个愿望，但其实我也知道那没什么用的。我和荷西还是很好的朋友，周末也经常叫上几个朋友一起出去。不过就仅仅是如此了，我知道荷西只是把我当朋友。

阳光渐渐不那么刺眼了，我叹一口气站起来走到窗前拉开百叶窗。外面的街道上，每个行人都在夕阳里留下很长很长的影子。有的人刚刚下班，提着公文包走在路上，嘴里好像还愉快地哼着小调。还有人身穿白色的球衣，三五成群地吹着喇叭走在去往伯纳乌的路上。也有几对情侣手挽手走在街上，脸上洋溢着幸福的笑容，狭长的影子显得很隽永。

打开收音机，里面传出动听的女声。

"1967年12月24日，临近圣诞节之际，马德里终于降下了这个冬天的第一场雪。整座马德里城一改往日的风格，被覆盖在一片银装素裹里。下面让我们连线马德里气象台的卡诺为我们分析一下最近几天的天气走向。"

爸爸把收音机关上，感叹道："从我小时候马德里就没有在圣诞下过雪了，这次终于赶上了一回。"

"那看来我们很幸运啊。"我趴在窗台上看着外面纷飞的雪花，"恩里格，我们出去走走吧，今天是周日，现在去大教堂还能赶上管风琴演出呢。"

平时的马德里主色调是红色，现在红色的砖瓦都覆上了白雪，别有一番风情。我们一路往国会广场附近的老教堂走去。

石头砌成的老教堂在雪中显得韵味十足，还没进教堂就听见里面传来的管风琴声，赶紧走进去找了个位置坐下来。演奏管风琴的是几个中年人，演出是可以免费观看的，他们来演出，是为了让市民有一个聆听音乐的机会。加上教堂的神父也欢迎他们，几年下来，这里的管风琴每周一次不断，已经成为一种传统，也融入了我对马德里的记忆里。

雪，教堂，管风琴——美妙的圣诞节。


听完演出，我和恩里格一起在漫天大雪里漫步在马德里的路上。虽然不断有雪落在身上，衣服都湿了却也不想打伞。

"埃斯，还喜欢那小子？"

我诧异地看了恩里格一眼，我不是个爱说话的人，而他通常比我更沉默些。

"当然啦。"

"喜欢他什么？"

"他是个很好的人。"我不知道该怎么形容，说善良好像太简单了，应该怎么说呢？心灵干净澄澈？是这样没错，但是又不仅仅是这样。总之荷西与别人不同，我光是看着他的身影，就觉得熟悉又温暖。"总之他是一个很好的人。"我说。

过了好久，在我以为恩里格已经不会再说话的时候，他说："你在浪费时间。"

浪费……时间吗？


晚上，外面依然在下着大雪，我们四人围坐在桌子旁，在摇曳的烛光的映衬下举起酒杯。因为是圣诞节，今天大家都格外讲究。家里被红、绿、白三色装饰一新，所有的人都穿着半礼服坐在桌子旁，桌子上铺着雪白加花边的台布，中间放着烛台和一瓶葡萄酒。

爸爸站起来，举起酒杯。"耶稣降生时，曾有一头牛向他吐气，使他获得温暖。感谢耶稣，让我们获得生命。感谢公牛，让我们获得温暖。"他说完话，我们都在胸前画了个十字，然后开始用餐。

抬起头看了看窗外纷飞的雪花，突然想起《安徒生童话》里那个卖火柴的小女孩儿，她在圣诞夜依然无家可归，而我现在正在温暖的家里和家人一起吃着圣诞大餐。一瞬间，第一次真的发自内心最深处感谢耶稣和公牛，谢谢他们赋予了我生命、温暖和幸福的生活。

吃完饭，帮着妈妈把碗洗完，就拿起自己最漂亮的一双鞋走向屋外。

"埃斯，你已经不是小孩子啦！别往门口放鞋了，那么大的鞋，没人会在里面放礼物的！"

我不理会爸爸的话，走过去把门打开。顿时，一股冷风涌了进来。我赶紧把鞋子放在门口的圣诞树旁，关上了门。这是西班牙过圣诞节的风俗，小孩子把鞋放在门外或是窗台上，路过的人都会在里面放礼物。

刚把门关上，就听见旁边的电话响了，我顺手拿起了电话。

"喂？埃斯特拉，是你吗？"

荷西的声音！

我的心脏好像有一瞬间忘记了跳动，他为什么会忽然给我打电话？是祝我圣诞快乐吗？还是……

"埃斯特拉，我现在在孙家民家，孙家民你知道吗？啊我好像没有跟你说过，他是我的一个中国朋友。没关系这不重要，我现在在他家过圣诞节。不不不我不是要说这些……"荷西有点儿奇怪，他说话一向很有条理，今天却有些语无伦次，而且语速极快，说了一大串话一直都没有停顿，听得出来他很激动。我不说话，继续听他说下去，不知道他今天到底怎么了，心里头隐隐有点儿期待，又不想细想到底期待什么。

他在电话那头深吸一口气，声音有些颤抖："埃斯特拉，我今天在这里见到了一个姑娘。她叫 Echo。她是从台湾来的。

埃斯特拉……你知道我现在有多开心吗？我看到她的第一眼就知道了我要娶的就是这样的女人。没错，就是这种感觉！埃斯特拉，我知道你一定懂得这种感觉的！"

荷西 15 岁的时候曾经发誓以后要娶一个日本人回家，现在他爱上了一个台湾人。不过这没什么分别，就像我也不知道台湾人和日本人究竟有什么分别。

台湾到底在哪里啊？

Echo 是希腊神话里的山泽女神，这真是一个美丽的名字啊。

"荷西，"我握紧了手中的电话，"她……是怎样一个人？"

"她是一个很好很好的女人。"

"她很漂亮。"

"她家在台湾，在马德里大学哲学系读书。"

"她今年 24 岁。"

"她自己写文章，也很喜欢画画。"

"她跟我见过的所有人都不一样。"

"她很特别，很有魅力。我不是因为她很漂亮才喜欢她。"

"总之她是一个很好的人。"

## 三、跟踪行动——Echo 的一天

现在，我站在了马德里大学的校园里，女生宿舍的外面。根据荷西的描述找到了三毛住的这个宿舍，其实是个由天主教修女管理的书院，两层小楼，住的人不多。书院前面有一排白杨树，我就站在这些大树后面。

到了8点，书院里的学生陆陆续续走出来。没过多一会儿，我就看到了她。在一群金发碧眼的欧洲学生里，她很好辨认。她穿着一条波希米亚长裙，梳着两根黑黑的麻花辫子，看起来有点儿像是印第安人。

"并不是特别好看啊。"我想。

她出门后往左一拐，走进了一条小路。我也不知道那条路是通向哪里的，只是看她过去了也就跟了上去，在后面悄悄打量着她的身影。

头发挺长，个子中等，身材一般。

但是这条路倒是挺美的。

我抬起头打量着上面的紫藤萝——这条路像是一个被植物覆盖的彩色隧道，走在里面就好像与世隔绝了。而且走的人不是很多，不错，我喜欢这种感觉。

我又瞥了一眼前面走着的Echo，这条路选得还不错嘛。

走了大约有十分钟，终于到了她要去的地方。她进了一栋楼，可能是她上课的地方吧。我等了几秒钟，跟着她走了进去。她熟门熟路地上楼，进了位于二楼的一间教室。这时教室里还没什么人，她在第一排坐下了。我可不敢坐在第一排，故作镇定地打量了一圈教室，挑了一个不引人注目的角落坐下了。

这堂课讲的到底是什么我最后也没有听懂，反正是哲学。明明说的都是西班牙语，一个一个词我都是明白的，连起来就不知道那个教授到底在讲什么了。我看教室里的大部分人都和她一样听得聚精会神，自己却无事可做，只好盯着 Echo 看，终于熬到了下课，我也没看出来她有什么特别好的地方。

这个上午在上完这堂大课以后就过去了，我跟着 Echo 去了食堂。我还特别注意了一下她点的菜，也没有什么特别的啊。我一边吃饭一边想，也不知道荷西到底喜欢她什么，我没觉得她特别出众，好吧她的气质是有那么一点儿与众不同，但是她那么老了，有什么好的。

我跟着她上了一趟公交车，坐车出了大学城，然后又倒了两次车。我已经知道她的目的地是哪里了，因为我平时没事的时候也喜欢往那里跑，这条路也是我走过很多次的。她要去的是我在马德里最喜欢的地方之一，普拉多美术馆。

但接下来她并没有像我熟悉的那样坐上 12 路公交车，而是独自沿着马路向前走。走了有大半个小时。奇怪啊，她干吗不直接坐车来呢？难道是她想欣赏马德里的街景吗？说不通啊，她是来普拉多上课的，时间并不是很富裕，而且她转弯的时候转得毫不犹豫，肯定不是第一次走这条路了，甚至可以说肯定走了好多次，这是何必呢？

12 路公交车，有什么特别的吗？

如果说它有什么特别的话，就是它的价钱了吧。因为这趟车路线都是在市中心，里面又有空调，所以价钱比其他的车贵了快两倍。难道是因为这个吗？这恐怕是唯一合理的解释了吧。

得出这个结论的一瞬间，心里有一种很奇怪的感觉。好像突然之间了解到了别人都不知道的 Echo，和她变得熟悉了一些。24 岁女孩子，来自一个落后的地方，独自飞越了大半个地球来到马德里。这些经历，是我不曾有过的……

停停停，我在想些什么啊。我可不是为了同情她来的。

这么一晃神的工夫，她已经走到了美术馆的门口，我远远看着她和门口站着的工作人员说了两句什么，那个人冲她笑了笑，好像认识她的样子。

我也跟上去，拿出我的学生卡——普拉多对学生是免费开放的。

现在是圣诞假期，来美术馆参观的人不少，还有很多是外国的游客。虽然我不是很喜欢这样嘈杂的美术馆，但不得不说这个环境还是挺适合跟踪的。我看着 Echo 穿过人群，熟练地三拐两拐，走的又是一条我熟悉的路。那是通往 Goya 展厅的捷径。

一瞬间，那种奇怪的感觉又浮现了上来。我对普拉多了如指掌，而眼前的这个人好像也是如此。

Echo 走进 Goya 的展厅，跟里面那个穿制服的老人打了个招呼。我知道那个老人，从我第一次来普拉多开始他就已经在这里工作了。我怀疑在我还没有出生的时候他就已经在这里了，没想到他也认识 Echo。老人为她打开了一扇门，我在他开门的一瞬间往里面扫了一眼，一个小小的房间，墙上挂着画。我只要模模糊糊地看一眼那些色块就知道那里面也都是 Goya 的画。

我转身走出了这个展厅，朝着普拉多的大门走去，心中无比混乱。这就是 Echo 吗？一个和我一样喜欢画画，一个可以让普拉多的看门人单独为她打开一扇展厅的门的女人。

## 四、一只鸟，俯瞰大地

4 月底的时候艺术家协会会组织一场盛大的画展，我们都称之为画廊，而自己的作品被选入画廊则是每一位画家的希望。尤其对于名气不大的年轻画家来说，自己的画被选入画廊就意味着终于赢得了官方的认可。而且由于是艺术家协会举办，所以画廊的影响力非常大，几乎所有业内人士都会关注每年一度的画廊。只要一幅画被选入画廊，知名度和影响力就会大大提高。说不定有一天早上起来，就会发现自己的名字已经上了当地报纸的头条。

开春的时候，我家的信箱里出现了一封特殊的信，包装得非常精美，深蓝色的信封中间印着一个特殊的标志。

恩里格看到那封信的时候，高兴得说不出话。这封来自画廊的邀请信对于他来说意味了太多。他大学上到一半时因为太喜欢画画退学了，从此在家一心一意画画。如今他什么也不干，用全部的热情和心血画画已经整整五年了，终于收到了来自画廊的邀请。

收到信以后，我和恩里格就一头钻进画室里，挑选一幅最好的画带到画廊里。

"这个怎么样？"恩里格指着画室里最大的一幅画。

"嗯，不错。"这幅画画的是一列火车。火车的车身由黑红两色构成，车头冒着黑烟，朝着画面外驶来，占据了画面的大半部分。剩下的地方画的则是站台。橙黄色的灯光照亮了狭长的站台一小片地方，在那块明亮的站台上有人拎着箱子站着，也有落魄的流浪汉躲在角落里靠着一块薄薄的毯子躲避寒冷，试图在灯光里找到一点儿温暖。

于是恩里格决定了要用这幅画。

可是当他静静看了这幅画一下午以后，晚上，他说他要换一幅画。

"为什么？这是你最好的一幅画了。"

"还不够好。"

我想我能够理解恩里格。这幅画已经很好了，可它也的确不够好，因为它是要去画廊的作品啊。那里的每一幅画都倾注了作者的无限心血，要想在那些作品里脱颖而出，这幅画是不够的。

从这天开始，恩里格就陷入了深深的纠结中。他的每幅画画的都是他眼中最真实的马德里，都是他付出了全部的作品，可是也正因为如此，他的每幅画虽然画的景色不同，放在一起却又好像没什么区别。要想从中挑出一幅最喜欢或是最出色的作品真是太难了。

日子很快过去了，4月6日就是画廊规定的上交作品的截止日期。而今天，已经是4月5日了。今天，恩里格又在画室里对着满屋的画坐了一天。

"恩里格，你想好用哪幅没有？明天可就是 6 号了。"

恩里格听了我的话一动不动，仍然背对着我坐在椅子上，面对着他所有的画。他就像一个将军，此时正是局势最危急的时刻，人人都等着他来指挥千军万马，可他面对曾经无比信任的部下们，却突然觉得他们都不够强大，却突然不知如何调兵遣将了。

又过了几秒，恩里格突然从椅子上跳起来，转过身来，冲我大声喊："我决定了！我要画一幅新的画！"

我被恩里格吓了一跳。一是因为他在我印象里一直是一个非常非常冷静、淡定的人，我好像从我记事以来就从来没有听过他这么大声说话。二是因为这句话给人的冲击未免太大了些。明天就要交稿了，在我看来，他的面前摆着几幅画，他就有几个选择，可他却偏偏选择了根本不存在的第 n +1 种。

"你疯了！就一个晚上了，你哪来的时间新画一幅啊？"

"没关系。"他又恢复了以往平静的语气，一边说一边准备起来，看样子是真的要开始画画了。

于是这天，我陪着恩里格熬夜一整个晚上，看着他在太阳重新照亮大地的时候完成了他最新的一幅画。

这幅画依然是马德里，依然是我们熟悉的马德里，却不再是我们熟悉的视角。

画的主人公是一只鸟，画中出现的马德里是它飞在空中俯瞰大地，看到的马德里。看不到的风在空气中流动，它带着看到画的所有人翱翔在蓝天上，看着地上他们所熟悉的马德里，看着熟悉的景物焕发不一样的光彩。

这幅画，恩里格仅仅用了一个晚上，它看起来有点儿潦草，但是和原来那些工工整整、分毫不差的画比起来，好像又多了点儿什么。

4月25日，星期日，我和恩里格盼望已久的画廊终于正式开幕了。恩里格的画终于被挂在了大众的视线里，人流涌动，无数人从它前面走过。

"埃斯，我去随便转转，你先自己在这里待一会儿。"画廊里有一个不成文的规定——也不能说是规定，算是一个规矩吧。几乎所有第一次来画廊的画家都会在自己的画附近徘徊，看看有没有人对自己的画青眼相看，或是看看有没有知名的画家经过，找机会推销自己。恩里格去看别的画，站在这幅画旁边的自然是我了。

我站在画的旁边，看着人们多是说说笑笑，从画旁边走了过去，或是随意瞥一眼，又继续转头和身旁的人说话，根本没有好好看一眼这幅画。我站在画旁看着流动的人群，正觉得无聊，却一下子在人群里发现了一张熟悉的面孔。不，不能说熟悉，我甚至没有看过她的正脸，可是我却能在所有人里一眼认出她，她的乌黑的头发，她的飘逸的长裙。

是 Echo。

我还在看着她，却忽然发现她朝着我的方向走了过来。心里一瞬间闪过好多念头："她是要来找我吗？她找我干吗？跟荷西有什么关系吗？"

她居然真的停在了我的面前，我的心一下子狂跳不止。

荷西喜欢的这个 24 岁的台湾女人，就站在我的面前。我终于可以正大光明地看看她了，眼睛不大不小，脸颊偏瘦，淡淡画了点儿妆，和西班牙的姑娘长得完全不同。

"你是这幅画的作者？"她微笑着对我说。声音悦耳。

她说的是西班牙语，可是一瞬间，我却好像没有听懂她的话。她问这幅画？她居然问这幅画！她是这一天来第一个或许也是唯一一个看上这幅画的人。心里又浮起异样的感觉，我想要回答她的问题，却不知道该用什么语气说话。

过了几秒钟，我才找回我的声音。我摇摇头，说："不是，这是我哥哥画的。"

"噢，"她又说，"我很喜欢这幅画。"

我又不知道说什么了，只好说："我也是。"过了一会儿，又说，"这是我哥哥用了一晚上画的。"按理说这件事是不用跟别人说的，但是也不知道为什么，看着 Echo，我就把这话说了出来，说出来以后不知道下面该说什么，只好继续愣在那里。

"一个晚上？"她瞪大了眼睛，"你哥哥在哪里？我想见见他。"

"他去看其他的画了，你要见他恐怕要等等了。或者你等到散场的时候再过来他肯定就回来了。"

"不用了，我就在这里等着吧。"她说着，站在了我的旁边。她离我那么近，我都可以清晰地闻到她身上淡淡的香水味。

"小妹妹，我叫 Echo，你叫什么？"

"埃斯特拉。"虽然荷西已经跟我念叨过太多遍这个名字，第一次听别人说出来，心头还是一跳，毕竟这个名字代表了太多。

"噢，埃斯特拉，你多大了？"

"16。"我试着也问她一些问题，于是问道，"你看起来不是马德里人，怎么会到这里来呢？"

她笑一笑，说："我在这里念大学。"

"那你是哪里人？"

"台湾。知道吗？在地球的那半边。"

"嗯，我听说过。你很喜欢画画吗？"

Echo 点点头，说："没错，我自己画画，也喜欢看别人画。"

我看着旁边的这个女人，一时不知道该说些什么才好。一句简简单单的"我也是"却觉得说不出口。

Echo 身上有一种神奇的气场，那是一种很自信的气场。其实她长得可能并不是特别好看，可是她站在你面前，就好像在趾高气扬对你说"我是一个很好看的人"。可是同时，她又不是一个张扬的人，编着两个麻花辫，说起话来也让人感觉安安静静，一点儿也不咋呼。

我好像明白了荷西的话。

没错，她是一个很特殊的人，跟其他人都不一样。

"你也喜欢这幅画吗，埃斯特拉？"

"是啊，这是哥哥最好的一幅画了。但是好像没什么人注意到，这一天就只有你过来了。"

Echo 继续微笑着，她说："那有什么关系？有的时候，就是因为太好了，所以才会孤独。"

"嗯……"我有些不明白她的话。

"变成一只鸟在天上飞，俯瞰大地，多好。"

"嗯，我也觉得。"这个时候，我好像只有嗯的份了。

我想我应该再找一个话题了，于是问她："你有没有很想去的地方呢？"

"我有很多想去的地方啊。比如我想去大海，做一个水手环球旅行，也想去沙漠里住上一阵子。但是现在啊，"她停顿了一下，依然微笑着，"离开家这么久，还是最想回家看一看。"

我依然不是很懂她的话，至少我没有一样的感觉。

"你呢？想去哪里？"

"我吗？……呃，大海吧……"这个答案在我问出问题的时候就已经在我心里了，本来觉得这是一个颇有意境的答案，但是 Echo 的回答让它一下子显得有些单调乏味。于是我有些心虚，犹犹豫豫地说出了答案，生怕 Echo 对它嗤之以鼻。


恩里格不久就回来了，他看到我旁边站了一个人，很惊讶的样子。

"你喜欢我的画？"

"是的。"Echo 伸出手，"我叫 Echo，你好。"

我从没对别人提过荷西和 Echo 的事情，因此恩里格倒是没什么特别的反应，伸出手和 Echo 握了握，然后他们就谈论起关于这幅画的事情。我们三个人一边说一边走，渐渐就走出了画廊。

"恩里格，我们去老教堂吧？"

恩里格看向 Echo，问："Echo，要不要去国会广场旁边那个老教堂？现在过去应该还能赶上管风琴演奏。"

Echo 很愿意去那里，于是我们三个人并肩往老教堂走。这真是种奇怪的感觉，左边是恩里格，右边则是 Echo——这个特别的女人。

马德里的餐厅和咖啡厅都在 8 点以后才开门，于是那个晚上，我们去了老教堂，走到马德里王宫附近的公园，又去了一间餐厅吃了些东西。

那个晚上，我们一直说啊说，从画说到书，又说到电影，又说到生活，说到鸟，说到飞，说到自由。那个晚上，我们都好像说完了一辈子的话。

跟 Echo 聊天的时候，总会有种特殊的感觉，好像突然间忘记了荷西。我发现我渐渐可以把荷西和 Echo 这两个人分开了，不会再像以前一样，听到 Echo 这个名字第一反应就是荷西。现在，Echo 在我的心里，是一个台湾女人，好吧，她很美丽，说话很有趣。

这个晚上，我知道了 Echo 独自来西班牙留学已经两年了，我知道了她在马德里大学哲学系，正是我想去的那个大学，我还知道了她也很喜欢那个画了《卡洛斯四世一家》的 Goya。

这个晚上，我知道了 Echo 还算是一个作家。虽然发表的文章不太多，但也有了不少读者。我很佩服她。

这个晚上，我好像明白了荷西为什么喜欢 Echo。

于是这个晚上，我更加困惑我的感情了——面对一个已经爱习惯了的男孩子和一个无论如何也讨厌不起来的情敌。

这个晚上的最后，Echo 说她很喜欢我，说我有种似曾相识的感觉，说我们前世一定见过面。可能吧，我也觉得我们真是有缘透了。

## 五、不死鸟

"变成一只鸟在天上飞，俯瞰大地，多好。"

这句话是 Echo 对着恩里格的那幅画发出的感叹，却一直停留在我的心里。

就像现在，我和荷西并肩站在屋顶上，俯瞰脚下的街道、人流，我就有跳下去在空中伸展开双臂的冲动。

自从荷西喜欢上 Echo 以后，把他约出来变得比以前难了那么一点点，因为他自己也在忙着约 Echo。不知道荷西有没有觉出来我们的位置很像，我认真研究着怎么把他约出来，他则致力于把 Echo 叫出来。不过我还是比他幸运一些的，至少我们依然是很好很好的朋友，他只要没事就会跟我出来。

就像现在，我们两个找了附近的一栋高楼，爬到顶层，站在屋檐上，俯瞰脚下的马德里。

微风吹来，下面的世界正如恩里格的画里画的一样，那个被红色的砖瓦覆盖的马德里城。

"你看，我现在只要往前迈一步，一下子就可以飞起来了。"

或许这句话说得太不像我而且太奇怪了一些。荷西转过头看着我，目光和暖而安宁，好像要安慰我的样子。

"你最近都在想什么啊，说话奇奇怪怪的。"

"有吗？我觉得还很正常啊。不正常的是你吧荷西，果然谈了恋爱的人就是不一样。"

他的脸一下子有点儿红，却丝毫不回避这件事，他说："是啊，但是我还没成功呢。"

提起 Echo，荷西的话匣子就打开了。提起 Echo，荷西也就无暇顾及我正不正常了。

"每次我去找 Echo 的时候都站在她们书院门口的大树下面，她们同学看见我过来就会喊'表弟来喽'。"荷西说到这里就笑了，表弟这个词在西班牙语里颇有些调侃的味道，有人调侃他和 Echo，他想必是很高兴的。

"有一天晚上，我们去马德里王宫里捡别人丢下的垃圾。哈哈，你肯定觉得捡垃圾这种事情蠢透了吧，但是我们捡得高兴极了。Echo 捡到了一枚生锈的铁钉，还问我好不好看。"

"有一次我终于攒够了 14 块钱去带她看电影，但是 14 块刚好只够两张电影票。所以我们就只好走到电影院去，路上一直在聊天，我觉得我还没有走够就已经到电影院了。"

"还有一次已经很晚了，我们没钱进咖啡店，又冻得不行，然后就把长椅搬到地下车库的出风口上，车通过的时候就像我们的暖气，两个人就冻在那个长椅上像乞丐一样。"

我望着下面的马德里城，听荷西述说他和 Echo 的故事。就在这座城里，或许有一个晚上，他们走过了我家的街道，他们去了一个我熟悉的电影院。就在这座城里，每个人都在用心延续着自己的故事，上演着一出出悲欢离合。

　　站在荷西旁边听他讲故事，突然发现不再有原来的感觉了。我们之间，好像有什么已经变了。

　　五年前，埃斯特拉的故事里出现了一个叫荷西的人；三年前，埃斯特拉发现自己喜欢上了他；一年前，埃斯特拉已经把喜欢他当作生命的一部分，然而一个叫 Echo 的人却突然闯入了她的故事，也闯入了荷西的心。

　　16 岁，埃斯特拉陷入了烂俗的三角恋剧情。

　　17 岁，埃斯特拉发现自己早已把喜欢荷西当作习惯，仍然无法自拔。


　　日子就这样一天天过去，不久就又到了冬天。

　　这天，马德里又下起了雪，鹅毛般的雪花飘落下来，覆盖了整个城市。

　　晚上，我坐在温暖的壁炉旁望向窗外，纷飞的大雪让我又想到了去年那个同样下着雪的圣诞节，那个我始终记忆犹新的电话。

　　心情突然变得压抑起来，我没有跟爸爸妈妈说一声，只跟恩里格打了招呼，就套上一件羽绒服跑到了外面。

　　一个人站在空旷的街道上，有点儿冷。突然觉得街道很宽，我很小，也不知道到底要去什么地方。出来得太匆忙一分钱也没有带，没法去咖啡厅，于是就盲目地走着。漫无目的地走了一段时间，不知不觉，又走到了那个老教堂。它黑色的影子立在那里，在夜空和大雪里显得尤为美丽。

自从我第一次看到它，老教堂就一直是那个样子，多少年了，一直以不变的姿态矗立在街角。不过现在不是周日的傍晚，教堂关着门，也没有人表演管风琴。因此它独自立在风雪中，显得很孤独，又显得像天空一样沉默。

我又想起了和恩里格还有 Echo 一起度过的那个晚上，于是转了一个弯，往马德里王宫走去。这么晚，王宫应该早已经关门了，不过它旁边的那个我们上次去过的公园一整晚都会开放，我想我现在应该去那里转转。

公园挺大，最中间是一座人工堆砌起来的小山包。我爬上那座小山，在山顶的位置有一个长椅，我坐了下来。

寒风不断呼啸而过，有点儿冷。这座小山上只有一条路，其余的地方都种着白桦树。夏天的时候一阵风吹过，能听到不停歇的树叶摇摆的清爽的声音，就像海浪一样一直传递到远方。现在树的叶子已经掉光了，风吹得再大，也只能听到风在树梢呼啸。

公园里人很少，至少我的视线范围内没有其他人了。这是我长这么大第一次独自一个人坐在公园的长椅上，第一次看不见川流不息的人群。于是感觉很不习惯，又有了独自站在街上那种感觉，感觉世界很大，我很小。

我不由自主地想到了一团乱麻的生活，不知道这些故事该怎么继续下去。喜欢荷西是无法更改的事情，喜欢荷西也是注定了没有结果的事情。我总是跟着他快乐，跟着他难过。可是真正的埃斯特拉又在哪里呢？

夜色一点儿一点儿浓郁起来，下着雪，也看不到天上的星星，白色的雪花就那样毫无理由地从黑色的夜空里出现，又慢慢飘落到人间。

我又有了那种飞起来的冲动，希望自己是一只鸟，可以飞过欧洲大陆，可以感受风划过我的每一片羽毛，可以飞到比雪花更高的地方。

突然，我听到了一个熟悉的声音。

那是荷西的声音。

在大脑做出反应之前，身体早已先作出了反应。没有理由的，我知道荷西此时一定跟 Echo 在一起。没有理由的，下意识想躲起来不让他们看见我。所以我从椅子上跳起来，赶紧跑了两步，躲到了椅子后面的树林里。

做完了这一系列动作，又觉得这样似乎不太好，但脚步声越来越近，我已经没有了反应的时间，只好继续躲在白桦树的阴影里。

那条唯一的路上走过来两个并肩而行的人影——果然是荷西和 Echo。但是他们俩看起来都心不在焉的样子，直接坐到我刚才坐的那个长椅上，谁都没有留意到椅子上不该有的温度，也没有留意到雪地上不该有的脚印。

他们俩坐在椅子上，都没有看对方。荷西低着头看着自己交叉的双手，Echo 则仰着头看着头顶的天空。周围安静得很，只能听到风声。

半晌，荷西开口了，他的声音很低沉，很醇厚，很认真。他说："Echo，再等我六年，让我四年念大学，两年服兵役，六年以后我们可以结婚。我一生的向往就是有一个很小的公寓，里面有一个像你一样的太太，然后我去赚钱养活你。这是我一生最幸福的梦想。"

Echo 沉默好一阵子才回答道："荷西，你才十八岁，我比你大很多，希望你不要再做这个梦了。从今天起，不要再来找我，如果你又站在那棵树下的话，我也不会再出来了。因为六年的时间实在太长了，我不知道我会去哪里，我也不会等你六年。你要听我的话，不可以来缠我。"

荷西愣住了，问道："这阵子以来，我是不是做错了什么？"我从未听过他用这种声音说话。他好像要哭，但又忍住了。

"你没有做错什么，我跟你说这些话，是因为你实在太好了，我不愿意再跟你交往下去。"

我应该感到开心的，因为 Echo 走了，荷西的生命里就没有这个人了。可是我一点儿也开心不起来，我为荷西感到难过。我觉得我就像《悲惨世界》里的爱潘妮，她为心爱的马吕斯和情敌柯赛特通风报信，我则为了 Echo 离开荷西而感到和他一样的悲伤。有点儿傻，但是也无可奈何。

Echo 站起来，他也跟着站起来。

Echo 说："我站在这里看你走，这是最后一次看你，你永远不要再回来了。"

荷西的声音轻得就像我的梦里海上吹来的微风。他说："我站这里看你走好了。"

风越来越大了，Echo 的喊声被裹挟在了风里，刮去了白桦树的顶端。Echo 喊道："不！不！不！我站在这里看你走，而且你要听我的话哟，永远不可以再回来了。你也不要来缠我，从现在开始，我要跟我班上的男同学出去，不能再跟你出去了。"

我以为荷西会一下子哭出来，可他没有。他依然站在那里，笔直得亦如道路旁的白桦树。他双手插在大衣兜里，脸上依然带着温和的微笑，两只眼睛依然闪亮得像天上的星星。

"好吧！我不会再来缠你，你也不要把我当作一个小孩子了。"

他说完这句话，又深深看了一眼对面的 Echo，突然转过身，开始慢慢地跑起来，一面跑一面回头，脸上还挂着笑，口中喊着："Echo 再见！Echo 再见！"

Echo 仍然站在原地，目光追随着荷西，看着他渐渐消失在黑茫茫的夜色与皑皑的雪花里。

过了好一阵子，Echo 才迈开步子走了——和荷西相反的方向。我想她心里一定也是很难过的，不过她有多难过，我就有她百倍的难过。她站在这条路上，和荷西背道而驰，我却已经失去了背道而驰的权利，只能躲在旁边偷偷看着他们。

我知道我的故事里仍然会继续存在荷西这个人，我愿意把青春里所有的情感献给他，尽管他的故事里永远没有我。

　　但我却也知道我不会再像前两年一样用全部生命和热情喜欢荷西了，他永远不是我生命的全部。我发现世界上最能令我满足的事情并非荷西这个名字和它所代表的一切，而是自己静静地坐在画室里画画，或是沐浴在阳光里读书。埃斯特拉很喜欢荷西，但埃斯特拉要为自己活着。

　　我会把我的时间给学习，给画画。我一定会考上向往已久的马德里大学，我也一定会画出触动人心灵的画。

　　我会画出一只鸟，和它拥有的整个天空。

　　狂风吹过夜空，如万马奔过。川流不息，不理会寂寞。

　　所有的所有和时间一起被风吹走。

　　我想要变成一只鸟，不死鸟。

　　我想要承载着所有的梦飞起来，翱翔在夜空里，俯瞰大地。

指导教师：韩　露

# 灿烂的星

## ——与济慈相遇

◎李曼祎

## 一

一阵胸闷把我从梦中唤醒，难以抑制的咳嗽仿佛要震裂我的身体。唉，这样的日子还要过多久呢？昏昏沉沉中，我感到再旺的炉火也不能驱走病魔，窗外的花在风雨肆虐下凋零了。

最近我很少出门。那肺病正蚕食着我的生命，我怕我会昏倒在狭小肮脏的巷子里，然后被送到同样混乱的社区医院。那里的医生没有正当执照，他们将水蛭放在我的唇边，然后喋喋不休地谈起乔治四世的昏聩与卡洛琳公主的正直……不，我要离开这里，离开阴冷潮湿的英格兰，回到那温暖的那不勒斯家乡。每想到这里，我的心都会宽慰些。

我最后一次检查了我的行李箱与护照。看着哥哥的来信，它带来了希望，比药物更能缓解我的病痛：

亲爱的伊蕾娜，我的妹妹：

我们全家都非常地担心你，赶快回来吧。英国学校那边的休学证明我们已经寄了过去，你不要操心了。很遗憾不能前去陪伴你，这边的孩子需要我的照料。但我已经深深感觉到，让你一个人在公寓里度过伦敦那可恶而又阴冷的冬天是危险的，我担心，如果你再不回那不勒斯的话，你的病情会加重。房屋都已为你收拾好，饱含负离子与盐分的南方空气正等待着你。

爱你的：安德烈·科特勒尔

满天的阴霾笼罩着前方的街巷，令我对这个启程之日感到担忧，可当我到达泰晤士河南岸的塔港时，却看到一帮年轻人有说有笑地聚在港口。这样的告别是希望的开始，而不是赴死的仪式。

"玛利亚·克罗塞尔"是艘深棕色的双桅船，小小的客舱里摆了六张床位，一道勉强维持体统的布帘把它从中隔为两半，一位已届中年的太太正坐在床上干针线活儿。

"小姐，你脸色看起来像是得病了。"她抬了下眼睛，嘴里喃喃说道。

"我身体确实不大好。"我望着她，可她好像再也没看我。

## 二

隔壁住着两位先生，他们白天不时地谈论着什么，听口音是英国人，只是还没有见到他们。船随着波浪颠簸摇动，整个晚上我都辗转反侧，难以入睡。于是，我披上外套，去到船舱外透透气。海风迎面扑来,海水的味道令我想到了远方的那不勒斯。有多久了,我只能透过伦敦公寓里的小窗框看到夜空一角,没有星星的指引,也没有月亮的光照。而现在,我竟有幸站在如此静谧的夜空下,这充满感激的心情,暂时驱散了我心中的忧愁。正当我要离开时,我发现船的另一侧站着一名男子,对着星空喃喃地念叨着:

> 灿烂的星!
> 我祈求像你那样坚定——

那男子身材并不高大,甚至在海风吹拂下显得有些单薄消瘦。他专注安静地仰望着头顶的星空,不声不响。海风越刮越猛,骤然间掀起海浪。浪像鞭子一般抽打在船身上。

> 每当我害怕,
> 生命也许等不及
> 我的笔搜集完我蓬勃的思潮
> 等不及高高一堆书,在文字里
> 像丰富的谷仓,把熟谷子收好。

他像歌唱一般,面向愤怒的大海,优雅而又不羁。那诗一般的语言吸引我驻足。

> 于是,在这个广大的世界的沿岸

我独自站定、沉思

直到爱情、声名，都没入虚无里


　　船身剧烈的摇晃令我感到眩晕。正当我想立刻回去时，他却突然猛烈地咳嗽起来。那可怕而又熟悉的咳嗽声似乎要盖过海的咆哮。我转头向他奔去。

　　"先生……"看着他的样子，我用力搀扶着他，摇摇晃晃回到客舱。


　　幽暗的船舱里只有他沉重的喘息声，隐隐看得见他瘦削的脸庞和高挺的鼻梁。我想将桌上的蜡烛点着，却被他那沙哑而又低沉的嗓音制止了：

　　"不，不。我很累了，我想马上去睡。不用了。"他的声音中甚至有些慌张。

　　没有烛光，他不可得知我眼中的疑惑。

　　"您可吓坏了我。不过真的不必要吗，先生？"我又一次询问，却换来一声沉重的叹息。

　　"方才的夜是多么美好，可是……"他突然打住，仿佛是碰触到了什么忌讳一样。"谢谢你，小姐。不多打扰了，我没事……晚安。"

　　我一句话也说不出来。他的神秘，似乎比这夜色更为广袤；他的话语，似乎都批着隐晦的注脚。我拖着疲惫的身体回到床上，很快睡着了。

# 三

　　清晨，阳光透过舷窗洒在客舱的地板上，安静又明媚，与夜的凶狠迥然不同。可能是由于夜里没有休息好，或在外面着了凉，我不住地咳嗽。狭小的客舱里空气并不流通，这令我和其他人都感到难受，但如果打开舷窗，对面的太太偶尔向我投来冷漠的一瞥，却基本不与我说话。

　　下午，船长将我们聚在一张桌子前准备吃饭。这时，我才有机会看清昨夜那位先生的模样。他个子不高，二十四五岁，穿着很时尚而又反叛，很像传说中那位倜傥的诗人——拜伦。苍白的面色令他显得憔悴，但深凹的眼睛里却闪着镇定而又深沉的光芒，棕色的长发亦富有光泽。

　　他一见到我，便微微一笑，向与他同行的朋友说：

　　"这是我昨晚上相识的小姐。请问如何称呼？"

　　"我叫伊蕾娜·科特勒尔。"

　　"约翰·济慈。科特勒尔小姐，这位是舍温先生，他是位画家。"

　　"幸会。济慈先生，你的名字我似曾听说过……"

　　"啊！"他紧闭双唇，脸上的表情说不清是忧伤还是严肃。

　　"你喜欢诗歌吗？"他像是试探一样地看着我，仿佛在窥探我内心深处。

　　"我爱看诗歌，不过更多时候读意大利语系的但丁。在英国大学里，我并不主修文学，但也看过乔叟和弥尔顿的作品……"

我话音刚落，他突然喘起了粗气，咳嗽起来。"抱歉，小姐。我得了肺病，我看你的情况也不太好吧？"我点了点头，他继续说道，"所以请你原谅我，医生曾嘱托过我不要太激动，但这显然很难做到。嗯……我们刚才说到哪儿了？"

"诗歌。难道您是位诗人吗？"

"在我看来，"舍温先生温和地笑笑说，"济慈可是非常有才华的诗人。"

"不过我不会写诗，这对我来说很难。我想我的个性中缺乏那种浪漫与诗意。"

"不，小姐，这么说不对。在我看来，诗人是这世界最没有诗意的生灵。"

"嗯？这话怎么讲？"我饶有兴趣地望着他。

他的眼睛仿佛一下子被点亮了，"诗人没有自己的个性与意志。你不能把我说的话当真，因为这一刻，我可能正潜入了希腊古翁的灵魂里，为他说话呢！我想，只有能自由穿梭于各类灵魂的人，才能写出真切的诗歌。"他缓缓地说着，可能，他曾在那些艺术沙龙里发表过这番言论。我甚至能想象得出他雄辩时神采奕奕的样子。

"那么，您听说过《安狄米恩》或《诗集》了？"

"不，我想是在杂志上……"

"那就是《观察家》？"

"嗯……我想起来了！是在《布拉克伍德》上。不过，我没记错的话，那位评论员并不怎么看好您。"话刚出口，我便意识到自己说错了话。

桌上沉寂片刻。一直沉默的舍温先生突然说道："岂止如此呢，那简直是恶毒的话，是出自毒蛇之口！"他激动得甚至有些颤抖，老实忠厚的面孔充满了愤怒，"他——洛克哈特，简直污蔑了济慈先生，那评论充满个人偏见，毫无道理。他……"

"舍温，我不想你再说了。"济慈先生很冷静，但他严肃的样子却颇为慑人。

"我不希望任何人觉得我对于他人的褒贬评价感到不满，"济慈说，"对纯美的热爱使一个人变成对自己作品的严厉批评者，对这样的人来说，赞赏与责骂只会产生片刻的影响，我的自责带来的痛苦，远非《布拉克伍德》等杂志带来的所能企及。而且，当我觉得自己做得恰当的时候，我对自己笔下妙处的自得，要比外界任何的揄扬都更有光彩。"

我被他深刻的思想所折服。"我想，倘若所有的文学家都把这当作自己的金科玉律的话，会有不少优秀的作品诞生的。"我回应道，"我对你完全没有偏见，先生。单凭这席话，我相信舍温先生的判断。"

双桅船的一路颠簸令大家都没什么胃口吃饭，于是，瓦尔希船长借此开始简单地介绍这次航行的情况。这艘双桅船原只用于英国西海岸间的货运，要远行意大利对于它来说有些勉强，不过船长已经有很多次航海经验，叫我们大家放心。不过，此时的我，对活着，已没有了太多奢望。

# 四

海上的白天风平浪静，日光和煦，令人心情很好。我大多数时候会躺在床上休息，苦思冥想活着的意义。我还没有爱人孩子，由于生病，连朋友都很少联络，亲人又全在意大利。所以我很羡慕隔壁的济慈先生整日给自己在英国的爱人与朋友写信。不过对于我而言，身体已到了苟延残喘的地步，我甚至经常向上帝祈祷，快带我回天堂吧，结束病痛带给我的苦难。

但当我感到精神状态还不错的时候，我会去找敦厚诚恳的舍温先生聊天。我们总会谈论济慈先生，可以看得出他非常推崇他的朋友。舍温讲了很多关于济慈的故事，听后我深深同情济慈。他自幼失去了双亲。尽管他的诗歌在他的朋友看来很有才华，但社会却很少给予认同。不同于拜伦的风流倜傥，他专一地爱他的未婚妻芳妮。

我与济慈先生之间只有简单的寒暄，或许是他的病情之重令他不愿多说什么。

傍晚的海洋从不因渺小的漂泊者有多少痛苦而施与她任何怜悯。夜晚时候海风在我耳边咆哮，海水把双桅船抛来抛去。一口血涌上嗓子，我眼一黑，跌倒在船上，隐约中，听到舍温先生的呼叫：

"嘿，济慈，伊蕾娜昏倒了！"

"将她抬到床上去，放一点儿海风进来，她还需要些水。"济慈先生娴熟地指导着舍温先生。

后来我才得知济慈原来是名医生。这种职业比诗人的收入要稳定得多。但他为什么放弃从医呢？日后我问他："为什么你会抛弃温饱无虞的医生职业而选择那条可能重蹈查特顿覆辙的诗歌之路？"他告诉我说："诗该是人的朋友，他伟大的目标，是宽慰忧虑，提高人的思想。从这点上看，诗高于医生。况且，我着实感到我的生命离不开诗歌。"也是在后来，我渐渐熟悉了他的诗歌后，我才体会到只有胸怀崇高目标的无私之人，才会有这种执着的、奋不顾身的追求。

再坚实的船只也经不起这番海风如此这般狂轰滥炸，几个不平静的夜晚过后，瓦尔希船长终于宣布，船要停靠在岸边一天，他要对船进行维修。

我很高兴船终于停下来了，暂时不用在不停顿的颠簸和三番五次的昏厥中苦熬日子。我没有离开船，只是站在甲板上观望海岸边的热闹景象。可济慈先生却像是被放飞的鸟一样，刚一停船便带着舍温到岸上活动，直到黄昏时候，他们才回来。济慈看起来行动敏捷，脸庞在落日的余晖映照下一扫苍白的阴影，红润并洋溢着愉悦的微笑。我向他招了招手，他也向我点头致意。

但是，当我床边的烛光随船的起航开始摇曳时，我身心又感到极端难受，浑身的冷汗浸湿了床单。我尽力唤来了舍温先生。突然一口血猛地呛进我的肺部，我觉得近乎窒息。这时，济慈先生踉踉跄跄地拿着一个小瓶子向我走来。

即使是在昏迷中，我也不能忘记一个人如此之大的变化给我带来的震惊。白色的蜡泪堆积在烛座上，仿佛这蜡已有千年的历史，曾照着古墓里侯爵的脸庞。而现在，这古墓里的侯爵苏醒了，正举着这蜡烛，站在我面前。那副苍白的脸庞，那瘦如枯枝的手指，那忧伤的眼神，仿佛来自另一个世界。

"舍温，给她服些这药。"

"这不是刚买的鸦片吗？"舍温惊愕地望着济慈。

"嗯。"

"你不是说只在晕船时候才服用吗？"

"但这也可以起到镇痛作用，"济慈深深吸一口气，用微弱却坚定的声音回答，"当我感到苦痛不堪的时候，我甚至可以用它来结束自己。"

舍温低着头，肩膀微微颤抖。我看到，眼泪就快要溢出他的眼眶。

"济慈，无论是从基督的教义上，还是作为你的一个朋友，我都不允许你这样做。你忘了，你忘了一切，你的朋友，你的诗歌，你的爱人……"

"舍温！不要再说了，你这是在我身上强加痛苦啊！"他猛烈地咳嗽着，背过脸去。

"我……抱歉……但，你把这个瓶子交给我保管好吗？"舍温说。

"不，不，绝对不成。"他咬着牙，强忍着咳嗽所带来的折磨，"我是如此的痛苦，舍温。在没有希望的情况下，我有权利自己掌控自己的生命……上帝也不希望我受如此之多的苦难，没有人能了解我所经历的痛楚。"他颤抖着说。

舍温与济慈先生争论了很久，我只是默默观望着，不知该说些什么好。从理智上讲我应该说服济慈的，但同病相怜，我深谙病痛带来的绝望与无助，那一刻日月无光，再多的美好也化作虚无。从这点上，我完全理解济慈的冲动。

"科特勒尔小姐，"济慈扭过头来同我说，"你还需要这药物吗？"

我望着满脸愁容的舍温，只好说："我想我可以挺住的，先生。"

济慈走到窗边，边将窗户拉开边说："我不晕船，只是见风就咳嗽，所以我基本不开窗通风。但现在，我感到非常抱歉，之前我并不知道你病得这么重。"

"完全不用这样想，先生。这与你的好心相比不值一提。"

"哈，是吗？"他勉强地笑了起来，"你知道吗？曾有一度你令我感到有些难过。你让我想起我的妹妹，还有我的家人。我弟弟十九岁，与你的年龄相仿……我是指他去世的时候。"他深深吸了口气，却全用作了叹气，"他与我们得了同样的病。我是一直看着他去世的，照料他，帮助他……傻傻的我甚至还曾燃起过什么希望，全被现实浇灭了。我的妹妹自幼身体就不很好，一直被囚禁在我父母那可恶的遗产继承人那里，我很担心她的身体。"

"愿上帝保佑他们。"我望着他深陷的眼睛，虔诚地说。

"所有人都一样，从出生走向死亡。陆地与海洋，虚弱与衰老可以造成很大的隔离，但是死亡带来的却是永远的分手。"

"所以你因此而厌恨死亡。"

"不，我并不。我坚信这不是真的，这孤海扁舟……"他环顾幽暗的四周，时光仿佛又倒退回了那个波涛汹涌的夜晚。"如果这里就是我的来世的话，如果我正在向我的来世航行的话，那么，我倒想知道，我的来生什么时候结束呢？"

我不是诗人，不能与他对答如流。我跟不上他跳跃的思维，也不能体会这到底是调侃多一些，还是无奈多一些。正当我沉思着，济慈先生突然说道："我不能再打扰你了，小姐，好好休息吧。你实在很像我的妹妹，我一想起她就忍不住想多说些。"

"没事的，先生。"他刚要离开，又转过头来对我说，"我曾觉得你脸上那肺病的红晕一直提醒着我的病情，我的大限之日，这令我很难过，正如当时我的弟弟一样。不过现在，一切都无所谓了。每个人都是要经历生死的。"

## 五

从伦敦走水路到那不勒斯，须从泰晤士河进入北海，向西穿过多佛海峡与英吉利海峡，再南下绕过法国、西班牙和葡萄牙的西海岸，最后经直布罗陀海峡驶入地中海——地图上的意大利就像是一只整个浸在地中海里的高勒皮靴。我仔细回忆着船长的话，在日记本上简单地记录旅行日期。

自从上次与济慈先生谈话过后，我与他渐渐熟悉起来。虽然他得了重病，但总能够在别人情绪崩溃的边缘保持镇定与风度。一次，舍温与我正在聊天，忽然海浪汹涌，而济慈那边没了声音。舍温有些担忧，便向他喊道："济慈，这会儿外面风浪有些大，你还好吗?"没想到济慈竟用托马斯·阿尔恩的歌词回答道："这是浪花在与大海告别!"我们都为他的童真而感到轻松。

他送给了我他的第二本《诗集》，并承诺如果我愿意的话，他可以教我如何写诗。他的俏皮话越来越多了，尽管我不得不承认，他的脸色一天不如一天，甚至说一会儿话就开始咳嗽头晕。他咳了很多次血。这令我不禁想起了我在《诗集》中读了很多遍的那首《无情的妖女》：

> 骑士啊，是什么苦恼你，
> 这般憔悴和悲伤?
> …………
> 你的额角白似百合
> 垂挂着热病的露珠，
> 你的面颊像是玫瑰，
> 正在很快地凋枯。

我不忍心打搅他休息，所以每次只是聊聊天后便回去休息，有精神的时候我就读他的诗。

有一次他问我："你觉得这诗集怎么样?"我以为他完全是无心的，因为我毕竟不是权威的评论家。但他的眼神否定了我的想法。

"我只读了一些，但我不得不承认，我非常喜欢你的作品。"

"别告诉我这是你有生以来撒过的最大的谎话。"

"不，我不确定我能否表达清楚我的感受。我读过《失乐园》，也读过华兹华斯，但我觉得你写得比他们都好，甚至好过拜伦。"

"实际上你并没有读懂《失乐园》的。恕我直言，科特勒尔小姐，弥尔顿是伟大的。"

"好吧，但我能读懂你的诗——犹如阳光刹那间降临于阴沉的大地般，温柔忧伤却不失美感。我对你的这本新诗集充满了信心。我喜欢你的夜莺，还有秋天的声音。想必评论家也很钦佩你的作品吧？"

"我收到了十份评论，两份有褒有贬，四份负面评论，四份正面评论，这其中有两份是我朋友写的。你说这是好呢还是不好呢？"他勉强地笑了笑，望着我。但那深邃而又忧伤的眼神，令我不知该说什么。

"无论如何，我祝福你，济慈先生。"

## 六

日子一天天过去，船离南方越来越近，风暴也渐渐有所减弱，清新的空气令我感到舒心，不过济慈却又发烧又咳血，吓坏了全船人。在开始为他感到担忧牵心的同时，我竟惊奇地发现，我的病情在慢慢好转，一连几天都没有昏倒，偶尔的晕船靠自己的意志也能克服。一开始，我每天都会读上一会儿济慈的诗歌，并写下一些简短的评论。后来我整日阅读济慈的诗歌，甚至有那么几首能够熟记于心：

夜这般温柔，月后正登上宝座，
周围是侍卫她的一群星星；
但这儿却不甚明亮，
除了有一线天光，被微风带过，
葱绿的幽暗，和苔藓的曲径。
…………
呵，失掉了！这句话好比一声钟
使我猛醒到我站脚的地方！
别了！幻想，这骗人的妖童，
不能老耍弄它盛传的伎俩。
别了！别了！你怨诉的歌声
流过草坪，越过幽静的溪水，
溜上山坡；而此时，它正深深
埋在附近的溪谷中：
噫，这是个幻觉，还是梦寐？
那歌声去了：——我是睡？是醒？

　　梦境方逝，美好远去。我也曾无数次怀疑，我所拥有的是梦境还是现实。不过我坚信，济慈先生他怀疑过很多东西，但从未怀疑过想象力的伟大与神奇。他的月夜，他笔下的仙女，令我如此痴迷。他曾执着地宣称美丽的幻想不是梦，现在他仍然希望丑陋的现实是一场梦境。

　　一个月的时间如整个冬季一般漫长，旅行接近尾声，全船的人终于看到了直布罗陀著名的地标，在夕阳的拥抱中，那"大石头"像是一块闪闪发光的巨大黄玉。波浪有节奏地拍击着海岸，远方的地平线显得那样神秘，这时头顶上还有蓝天白云，但星星已经开始眨起了眼睛。自从患病，这是我第一次感到久违的兴奋，望着这难以名状的美景，我真恨自己不是济慈先生，不能用诗歌书写自己的感情。我到甲板上去观望时，看到舍温正在作画，而济慈也正坐在船头欣赏这美景。

"先生，这样的景色总令人在心平气和之余，内心感到轻盈和愉悦。"我对济慈说。

"我完全同意。"他冲我友好地笑了笑。

"您还记得我最初与您相遇的夜晚吗？也是这样美丽的……"

"不过那之后完全是个噩梦！"他迅速接着说，"每当我在繁星的夜幕上看见传奇故事的巨大的云雾征象，而且想，我或许活不到那一天，以偶然的神笔描绘出它的幻象，那将是……"

"哈，我们别再提那些了。"我不忍心再看到那伤感的眼神。病痛将他折磨得很惨了，他一点儿不畏惧死亡的苦楚，只是畏惧那永远的告别。

"您那天晚上便说了一些诗一般的谜语，当时的我还不知道，自己正与一位大诗人站在同一甲板上呢。"

"那是我的诗啊，怎么会是谜语呢？"他打趣般地说。

"可当时我完全听不懂啊。"我正说着，只见他拿出本莎士比亚的十四行诗集，翻到印有《爱的抱怨》那页的空白处，用笔飞速地写下：

灿烂的星

天空洒下璀璨的星光，脚下的大海正温柔而平静地一呼一吸。他仰着那憔悴的脸庞，紧闭双唇，然后继续写道：

灿烂的星！我祈求像你那样坚定——
但我不愿意高悬夜空，独自
辉映，并且永恒地睁着眼睛，
像自然间耐心的、不眠的隐士，
不断望着海涛，那大地的神父，
用圣水冲洗人所卜居的岸沿，
或者注视飘飞的白雪，像面幕，
灿烂、轻盈，覆盖着洼地和高山——

我静静看着他的样子。此刻的我终于明白了为什么医生不允许肺病患者在感情上激动。他写着诗，嘴角扬起满足的微笑，但他笑着笑着，却突然咳了起来，甚至咳出了眼泪。他镇定地擦去了泪痕，又将愁容挂在脸上。他专注地思索着。接着，他在那长长的破折号后写道：

呵，不，——我只愿坚定不移地
以头枕在爱人酥软的胸脯上，

永远感到它舒缓地降落、升起；

而醒来，心里充满甜蜜的激荡，

静静地，静静地

聆听她柔和的气息，

就这样活着，

——或昏迷地死去。


在平静的海风吹拂下，我默默地读着这首诗。我感到我的心灵仿佛飞到了爱人的身旁，尽管，我并没有爱人，但这诗读来好似谈过一场最纯洁最痴狂的恋爱一般美好，好像我们来到了最隐蔽的树林里，一同仰望着头顶静谧的星空。

"这般的美与真！"我不禁赞叹道，激动得难以说出话来。

"你说得没错，伊蕾娜！任何艺术只要具有动人的强劲，就一定会超越种种障碍，贴近美与真。"他笑着肯定地说。

"倘若我也能在此情此景下写出这么美的作品，那么我今生也无憾了。"

"这是一年前写下的。"济慈认真地说，"不过刚才我修改了后半段。"接着他背过头去，喃喃道，"亮星用不眠之眼守望着大地，啊，芳妮，我又什么时候才能见到你？我不要守望，不要，但难道我只能做一颗明星吗？"他的话极微弱，以致后来我都听不大清楚。实际上他并非说给我听，而是说给那广袤星空，以及隔海的爱人的。但他颤抖的嗓音，悲伤的语调，令我也不禁难过得近乎心碎。芳妮，大概就是那个他日思夜想的明星吧。

渐渐地，我理解了那些曾被认为是隐晦的注脚。原来，济慈先生应是同我一样患了病而离开英国，但他却始终不能忘却自己在英国的恋人，她一定由于种种原因无法与之同行。他害怕着丑陋的现实是真实而非梦境。可是，一种顾虑浮上心头：倘若，我只是猜测，济慈每况愈下，身体越来越不好，倘若南方的空气也已挽救不了这伟大天才的身体，那么他岂不是要孤苦地客死他乡？

想到这里，我不禁打了个寒战，不敢再往下想了。我虔诚地在胸前画了十字，心里默默祈祷。

## 七

当小小的双桅船历经一个多月的艰苦航行，迎着满天晚霞驶入那不勒斯港时，我们都迫不及待地想要上岸。海面上游弋着帆索各异的船只，远处白帆点点，水天一色，近处捕鱼船队满载而归，晒得黝黑的渔民经过他们身边时挥手打招呼，发出那不勒斯人特有的爽朗微笑。然而，当我看到船长沮丧地低着头回来时，我们每个人都揪着心。

"就在我们离开的这段时间，"船长伤感地说，"伦敦暴发了斑疹伤寒。那不勒斯当局说英国旅客和船员必须在港口等待十天通过检疫才能上岸。"

"什么！世界上竟然有如此不近人情的检疫制度！"舍温先生急躁地喊了起来。这消息如五雷轰顶，想到又要在这摇晃的船上度过十天的时光，真是令人绝望。

检疫的头几天下起了大雨，我们只能在狭小的船舱里颦眉枯坐，拥挤的空间使大家的情绪更为恶劣，连平日我对面麻木不仁的太太，都开始向我抱怨起那不勒斯当局的政策，诅咒这不合时宜的伤寒。出乎我意料的是，唯有济慈先生相当镇定，甚至整日绅士地微笑着。为了改变舱内沮丧的气氛，他反而滔滔不绝地讲起灿烂的古希腊文化。他眉飞色舞地讲着当年希腊与腓尼基商船如何驶向东方，又是怎样从那片神秘的土地带回具有异域色彩的商品与传说。我想即使再风趣的人一周也不会说这么多俏皮话，但济慈那猛烈的咳嗽声总给我种他要豁出去了的意思。

小贩们的船只贴着"玛利亚·克罗塞尔"号驶过，艇上载着用稻草覆盖瓶口的美食，船舷边花束和水果堆叠累累，其中有甜瓜、桃子、无花果和葡萄等。穿着艳丽服装的歌手不知乘船驶向何处，只听见风中传来悠扬的歌声，还有人弹起吉他为其伴奏。尽管已与这里阔别了两年多，但一切的环境在我看来却都是那么亲切而熟悉。

检疫隔离的十天过去后，我终于踏上了不会摇晃的坚实土地。远远地，我看见哥哥安德烈正焦急地在路边等我。年轻的他从未离开过那不勒斯，所以纯朴热情的民风带给他的影响在他血液中根深蒂固。经历了病痛与孤独后，与亲人重逢的喜悦难以言表。

我向哥哥介绍了济慈与舍温，热情的安德烈承诺帮他们找到一处安静的落脚点，以便在那不勒斯休息。他领着他们避开拉拉扯扯的小贩，来到一家能从窗口看见维苏威火山的庄园旅馆。行人在拥挤的道路上互相推搡，脏兮兮的孩子们在陋巷里追逐嬉戏，妇女在自家门口支锅做饭，路边摊位上摆放着大盘大钵的通心粉。

"那么，我们该在这里告别了。"济慈沉稳而又严肃地说。

"我想……是的。你会在那不勒斯久住吗？"我不知为何感到紧张。

"嗯，"他低着头沉思了一会儿，说，"雪莱现在正极力邀请我去比萨，不过我更愿意去罗马养病，毕竟舍温还可以在那里学作画，申请奖学金。"

"遵从自己内心的意志总是好的，先生。我祝您诗歌事业顺利，身体健康。"我仓促地将对话拉向结束，从而掩饰住自己的悲伤。

"谢谢你，小姐。我也祝你身体健康。"他与我简单地握别，我便独自登上了哥哥叫好的马车。哥哥还在与济慈先生——那个苍白脸庞、瘦小个子的伟大诗人谈话，我已听不到济慈那低沉的声音，但当我最后一刻与他的眼睛对上时，我心仿佛化作了一片绿湖，迎来和风的吹拂，令我不禁想起了那首瑰丽的诗：

灿烂的星

人类的心灵竟然能容纳和承受如此之多的痛苦，并将焦躁的呻吟化解为最美好浪漫的颂诗，这不得不称之为是奇迹。他也曾软弱过，也曾将生命的天平偏向"美≠真"的一边，但当他的背影渐渐在模糊的视线里远去时，我能感到，他的一生从未放弃过"美即是真，真即是美"的追求，既是在他诗句

· 268 ·

中的表达，也在他一生的真善美中体现。

　　入夜后，我静静躺在卧室的床上。那不勒斯的空气虽好，却对我的病情并没什么实质性的改观。发烧与腹泻依旧折磨着我，牙齿也因打冷战而碰得咯咯响。但我再不愿去抱怨什么，正如济慈先生曾说过的，出生到死亡，是每个人都要经历的。我能做的，只有去感知我短暂的一生。现在的我能待在这温暖的家里，已是非常幸运的事情。我翻着那本《诗集》，尝试着在济慈的诗旁也写下自己的一两首小诗，并开始回忆记录这一个多月在双桅船上的时光，以从飞逝的岁月中寻求一点儿惦念与继续下去的勇气。

　　街上的声浪一阵接一阵袭来，狂欢是火热的意大利人的天性。我真愿这欢乐，不只回荡在狭小的那不勒斯街巷里，而是能传播到各地，甚至遥远的他乡英国，为那些正在苦难中的人们带来安慰与快乐，为那些信仰美与真的人们带来灵感与寄托。

指导教师：韩　露

# 文学对我的影响

◎李曼祎

    高中的时候，我很喜欢看小说、读诗歌、写文章。在欣赏济慈的诗歌时，我觉得要写好"相遇"这一主题，就一定要对他的生平有足够的了解。于是我阅读了他的生平传记，学习了文学史上浪漫主义诗歌的诞生背景与意义，以及当时欧洲社会作家诗人的经济状况和社会地位等。当时读得一知半解，但体会到了文艺创作者的知识储备与准备工作，虽然只是冰山一角，这也是我头一次试着将自己代入济慈诗歌创作的环境与诗人的心境。

    后来暑假我去欧洲旅游，经过意大利罗马的西班牙广场时，远远就看到了济慈雪莱故居。狭小的故居摆放着济慈的手稿和信件。那时自己刚深入研究了他的生平，也对他在罗马生活的最后时光印象深刻，所以我特别激动，在几间小屋子里认真看了很久，还买了件号码并不合适的纪念 T 恤，回来后也一直没舍得穿。

    要是没有与济慈的"相遇"，那栋小房子于我而言也只是个名人故居，可能看看他的诗歌与信函，但心思却不会波动，更不会试着从他向外看的窗口眺望，也不会想象当年他踩着楼梯吱吱响时是什么心情。虽然这些体验多是没什么值得记录的事情，但是至今回忆起来还会不禁感慨，"原来是这样"，"真的很有趣啊"。这就像那个刻在中国人 DNA 里的"确凿只有些野草"的百草园，却是鲁迅先生的乐园，那里连普通的泥墙根，都有无限趣味。

可不要小瞧了这些趣味。看到同样的世界，听到同样的声音，在不同领域有所钻研的人总能产生不同的想法，体会到不同的乐趣。而人在不同的境遇里与文学相遇，也总能体会到不同的心情。文学和生活中的其他爱好一样，能消磨时间，丰富人有限的体验。文学的陪伴也不断提醒我，世界很广阔，远比我日常感受到的广阔；而广阔世界中也有"普世价值"，种族、宗教不相通的人之间也能有情绪上的共鸣。

后来我去美国华盛顿特区念书，接触了与此前生活社交圈完全不同的人。当时和我在智库同组实习的一个法国姑娘，瘦瘦高高的，在麻省理工念书，夏天来华盛顿实习。她每天中午在大太阳下戴着墨镜边看书边吃沙拉，想法天马行空，喜欢打篮球。有次，我们聊起欧洲历史，我讲到茨威格的《昨日的世界》，她一下眼睛都亮了，说这是她最喜欢的茨威格的书，说完才发现她也在高中时参与过校刊编辑，也很喜欢读文学书籍，不过她一直喜欢读原版文字，不信任译文。她很惊讶我看过好些法国小说，有些惭愧自己说不出那么多中国的小说。

自那以后，我们关系变得很亲近。华盛顿政治氛围浓厚，而我俩都觉得在这里能找到文学上有这么多可聊的朋友实属难得。后来她借住我的公寓一段时间，下班后经常拉着我在夕阳下慢跑，从林肯纪念堂跑到潮汐湖，再跑去国会，然后从白宫绕回雾谷。我们边跑边聊天，她知道我学过三年的法语后就时不时和我讲讲法语，只不过我法语实在说得不好。我也教她弹弹钢琴，我们还排练了简单的四手联弹。

夏天结束她回波士顿时，我送了她两本法语译文书——老舍的《茶馆》和钱锺书的《围城》。她也拿出法语原版的《小王子》，鼓励我学法语的时候可以看。不过她走后我学法语热情也就没有那么高涨了，送我的《小王子》也没翻两页，倒是有天她很激动地发信息给我，说熬夜看完了《围城》，惊讶于钱锺书的妙趣横生的比喻，这是她读过的法国文学中都没有见过的。

我们都没有从事文学相关的工作。以前念书的时候觉得即使时间有限，为了给自己写作文积累些素材，也为了能更熟练地运用汉语或英文，必须多读多写，于是没时间也要挤出时间来做这些事情。后来，写文章变成了写学术研究和报告，又在工作中变成了写发言稿、情况说明、文件解读等，对文字输出的要求也变成了精准、简练。可能写得更多了，但和文学不太相关。我有段时间很困扰的是，忙起来琴没时间弹，书看了也忘了。高中老师分享过，"忙"这个字就是"心"和"亡"组成的，忙是心灵的死亡。现在有时体验着"心灵暂时死亡"，也只能顺其死亡，完事后再复苏一下，发现琴技进半步退两步，书也是看五十页后才发现其实早看过了。

后来我也和自己和解了。这种挫败感大概算是现代生活的一部分吧。毕竟，处在不同的人生阶段和时代，在不同事情上分配自己的时间和能量，也是自己做出的选择。不过我相信，认真做过的事情不会凭空消失，只要是自己认真在做并喜欢做的，都是自己的一部分，最终不会没有意义。比如，前一阵社会都在讨论"末日刷屏"，就是人会不断被手机上弹出来的负面新闻所吸引，然后不自觉地陷入焦虑与内耗。我很庆幸的是，当我屏蔽掉那些信息后，又能回到以前长时间陪伴自己的文学和其他兴趣爱好，这让我觉得很踏实。

其实不论是文学，还是音乐、园艺、运动，任何长期养成的习惯对于一个人的影响都是深远的。每个人都会在生活中遇到幸福快乐的事情，也会遭遇一些不开心、不走运的事情。而如何看待这些事情、做出选择，体现了每个人的格局、智慧、性格。当然，社会大环境的问题与个人遭遇的不公平值得人们去探讨和改善，但同时，关注自身境遇和有限能力下自己可能做的选择与努力，才能不断向前走，也会对自己身边的人产生积极的影响。而自己花时间投入的这些爱好，不论是小说中窥见的人生百态，诗歌中捕捉的思绪万千，虽然可能无法成为解决方案本身，但是能潜移默化影响着自身，从中汲取精神上的力量，或是引导着自己找到能帮助自己的人。

我很佩服高中时候认真钻研写文章的自己。其实多年后我不记得自己高中写了什么，但是我记得当时花了很多时间去思考如何写好，绞尽脑汁构思文章的结构，也有不少时间对着稿纸和文档发呆，不知道怎么下笔。表达从来都不是件轻松的事情。就算当时自己擅长写文章，但我确实付出了很多很多努力。只是由于热爱，这些努力都让我感到安心。

由于高中毕业后再也没有从事太多和文学相关的写作，我一度觉得那时候可能是自己写得最好的时候。后来再回顾，才觉得那时候的文章在现在的自己看来，有些用词不准确，语法也不顺，虽然用的比喻和描绘的场景确实很有想象力，但也需要师长的悉心指导、指正与鼓励。

在整理高中时期的《相遇》主题文稿时，我就注意到印刷出的最终版在我自己留存的电子版基础上进行了改动。这些改动大概不是当年我写作水平所能做出的，所以我现在想来，大概是自己的语文老师帮忙顺了顺，改得非常到位，处理了语言中冗余和夸张的部分。


写到最后，真的非常感谢高中的语文老师，他们在教授语文基础知识上耐心指导，除此之外还尽力创造了不少机会，让学生们体验文学，和文学做朋友。如果当时没有与他们相遇，可能文学也不一定这样影响我、陪伴我。这大概算是在文学的陪伴与影响下，遇到了能够且愿意提携自己的人，对此我感到很幸运。听到他们还在继续办文学写作活动，我也觉得很开心，希望能有更多的人在学生时代就有幸体会到这种乐趣，看到更多的可能性和更广阔的世界。

指导教师：韩　露